삐딱한
책읽기

삐딱한 책읽기

초판 1쇄 발행 2017년 6월 19일

지은이 안건모
펴낸이 강수걸
편집장 권경옥
기획 이수현
편집 정선재 윤은미 문윤호
디자인 권문경
펴낸곳 산지니
등록 2005년 2월 7일 제333-3370002510020050000001호
주소 부산시 해운대구 수영강변대로 140 BCC 613호
전화 051-504-7070 | 팩스 051-507-7543
홈페이지 www.sanzinibook.com
전자우편 sanzini@sanzinibook.com
블로그 http://sanzinibook.tistory.com

ISBN   978-89-6545-426-7 03000

삐딱한
책읽기

안건모
서평집

산지니

캄캄한 동굴 속에서
나를 구해준 책

이 글을 쓰는 날이 문재인 후보가 대통령으로 선출된 날입니다. 갑자기 제가 태어난 이후로 한국엔 몇 명의 대통령이 통치했는지 궁금했습니다. 이승만, 윤보선, 박정희, 최규하, 전두환, 노태우, 김영삼, 김대중, 노무현, 이명박, 박근혜 그리고 문재인 대통령, 모두 열두 명이네요. 참 많습니다. 일제로부터 해방이 된 뒤 권좌에 오른 대통령이 모두 저를 거쳐 갔네요.

제가 이승만 때 태어났다고 하면 나이가 꽤 많구나 하고 생각하는 분들이 많을 테지요. 이승만이 4·19혁명으로 무너진 때가 1960년이니 그렇게 오래전 역사는 아닙니다. 이승만은 현대사입니다. '태정태세문단세'같이 조선시대 왕처럼 달달 외워서 점수를 따기만 해야 하는 죽은 역사가 아닙니다. 이승만의 독재는 또 다른 독재 정권을 태어나게 만들고, 온갖 협잡꾼이 들끓는 한국 사회를 만든 원인이었기에 기억하고 곱씹어야 하는 살아 있는 역사입니다.

저는 이승만 정권 때 태어났지만 당연히 그때 기억은 없습니다. 제가 두 살 때 이승만 정권이 하와이로 망명을 갔기 때문이죠. 저는 박정희 정권 밑에서 자랐습니다. 박정희는 무려 18년 동안, 제가 스물한 살이 될 때까지 정권을 잡고 있었습니다. 박정희 정권에서 어릴 때 제가 경험하고 본 것은 '폭력과 억압'이었습니다. 교실에서 장난친다고 맞고, 촌지 안 가져온다고 맞고, 몸이 아파 지각을 자주 한다고 맞고, '국민교육헌장' 못 외운다고 맞았습니다. 경찰은 시민들이 무단횡단 한다고 잡고, 통행금지 위반했다고 잡고, 머리를 길렀거나 미니스커트가 짧다고 잡아갔습니다. 6시에 국기 하강식 할 때는 무슨 일을 하다가도 꼼짝 못하고 가슴에 손을 올려야 했습니다. 그런 폭력과 억압적인 사회에서 어릴 때부터 친일파 미화, 반공, 멸공, 친미, 박정희 독재 찬양 교육을 받았습니다.

제 또래 젊은이들 가운데 대학을 간 사람들은 선배들한테 박정희 교육의 실체를 배우고 세상을 깨달았지만 대학을 안 간 저는 그런 기회가 없었습니다. 저는 그때까지 세상은 그렇게 살아야 하는가 보다 생각했습니다. 그런 교육이 잘못된 교육이라고 전혀 생각하지 못했습니다. 무려 스물한 살 때까지 그런 교육을 받고 살았으니 오죽했을까요. 스물한 살이면 세계관이 자리 잡고, 사고방식이 거의 굳을 때입니다. 그 뒤로는 웬만하면 생각이 바뀌질 않지요. 게다가 그 뒤로 이어진 전두환 독재 정권은 또 얼마나 흉포하고 잔인한 정권이었습니까. 수많은 광주시민을 살해한 뒤 정권을 잡고, 또 사회를 정화한다고 죄 없는 시민을 잡아 지옥 같은 삼청교육대로 보내 훈련을 시키다 말을 듣지 않으면 죽이고 병신을 만들지 않았습니까. 저 또한 그 보안부대의 일원으로 길거리에서 껄렁껄렁한 젊은이들을 잡아들이는 짓도 했지요.(그땐 그 일이 삼청교육대 보내는 일인지도 몰랐습니다.)

저는 군대에서 제대한 뒤에도 세상은 원래 그렇고, 그런 세상에서 그렇게 사는 게 옳은 줄 알았습니다. 그러다가 한순간에 세상을 바로 보는 법을 배웠습니다. 교과서가 아닌 책, 인문사회 책이었습니다. 책이 나를 캄캄한 동굴 속에서 꺼내주었습니다. 책이 아니었다면 아마 지금의 내가 아닐 것입니다. 어쩌면 '박사모'나 '가스통 할배' 같은 극우주의자가 돼 있을지도 모릅니다. 아직도 세월호 타령이냐고 짜증 내는 젊은이처럼 남의 아픔을 공감하지 못하는 사람이 돼 있을지도 모릅니다. 사드가 뭔지, 왜 그런 걸 한국에 배치하면 안 되는지 모르는 멍청이가 돼 있을지도 모릅니다. 열다섯 명이나 나온 대통령 후보 가운데 누구를 찍어야 할지 모르는 바보가 돼 있을지도 모릅니다. 그러면서 젊은이들한테 세상을 가르치려고 했을지도 모릅니다.

지금도 저는 책으로 세상을 배우고 있습니다. 『삶을 위한 정치혁명』을 보고 한국의 투표 제도로 세상을 바꿀 수 없다는 사실을 깨닫습니다. 『불온한 교사 양성 과정』을 보고 아직까지 한국의 학교 교육이 아이들을 순종, 굴종시키는 교육이라는 사실도 배웁니다. 『노동의 배신』을 보고 미국 사회의 '불평등의 깊은 골'과 추악한 현실을 깨닫고, 그것은 또 바로 우리 한국 사회 모습이라는 사실도 배웁니다. 『나는 국가로부터 배당받을 권리가 있다』를 보고 시민들은 국가로부터 조건 없이 기본소득을 받을 권리가 있다는 사실도 깨닫습니다. 또 『의사 김재규』와 『바람 없는 천지에 꽃이 피겠나』를 보고 박근혜의 말로를 예상하기도 했습니다. 저는 이렇게 책을 보면서 세상을 배우고, 또 올바르게 살아가는 방법을 배우고 있습니다.

지금 이 책을 읽는 독자님은 무엇을 보면서 세상을 배우고 있을까요? 아참, 독자님은 대통령이 누구였을 때 태어났을까요. 삼십대 젊은이라면 전두환 독재정권 즈음에 태어나 이명박, 박근혜 시대를 살았을 것이고, 이십대 젊은이라면 김영삼 정권 즈음에 태어나 현재 대통령이 된 문재인 시대를 살겠군요. 교과서를 보거나 제도 교육에서 세상을 배울 수 없다는 사실은 절대 진리인데 무엇을 보면서 세상을 배우고 있을까요. 그나마 다행히 독재 시대는 벗어나 박정희 때처럼 장발 단속이나 미니스커트 단속 같은 그런 무식한 '억압'을 받거나, 전두환 때처럼 삼청교육대로 끌려가면서 살지는 않습니다. 게다가 이번에 합리적 보수(좌파라고요? 수구세력들이 그렇게 주장하지만 어불성설입니다.)인 문재인 대통령 시대이니 훨씬 나은 시대를 살고 있다고 말할 수 있을 겁니다.

나와 비슷한 세대, 이승만이나 윤보선, 박정희 때에 태어났던 분들, 이미 제도 교육에서 멀리 벗어난 이들은 지금 무엇을 보면서 세상을 배우고 있을까요? 특히 전쟁 세대인 노인분 중에는 "니들이 전쟁을 안 겪어봐서 몰라서 그래." 하면서 오직 경험으로만 깨달은 지식으로 이미 세상을 다 알고 있다고 생각하는 분이 많습니다. 가끔 지하철 노약자석에 앉아 대화를 나누는 어르신들을 보면 세상을 전혀 모르면서 아는 체하는 분들이 많아 낯 뜨거울 때가 많습니다. 기껏해야 '~일보'라고 하는 수구 일간지나 보수 방송에서 나온 이야기를 진리인 양 착각하고 설파하고 있더군요. 좋은 책 한 권 읽지 않고 그런 매체로 얻은 지식과 세계관은 얄팍하고 허약하며 삐뚤어진 세계관일 뿐입니다.

저는 지금도 좋은 책으로 세상을 배우려고 노력하고 있습니다. 어떤 책이 좋은 책일까요. 어떤 분은 이렇게 말합니다. 첫째, 이 세상을 보여주는 책, 둘째, 이 세상을 이해하는 책, 셋째, 이 세상을 변혁하는 책입니다. 저는 한 가지 더 추가합니다. '재미있는 책'입니다. 무엇보다 재미있는 책에서 세상까지 배울 수 있다면 얼마나 좋을까요? 제가 소개하는 책이 그런 책입니다. 하지만 책에 써 있는 그대로 맹목적으로 믿지 않습니다. 비판적으로 읽기. 그래서 제목이 '삐딱한 책 읽기'입니다.

이 책은 제가 재미있는 책을 읽고 쓴 '세상 이야기'입니다.

2017년 5월 9일
월간 〈작은책〉 사무실에서 안건모

차례

2장   노동의 가치, 노동자의 눈

3장   우리말 · 글 바로쓰기

4장 만화의 힘, 예술의 힘

5장 과거와 현재의 대화

6장 국가란 누구를 위해 존재하나

1장

민주와 민주주의

인권유린의 시작
'어련히 알아서 잘하겠지'

헌법학자의 인권 이야기
『불편해도 괜찮아』

헌법학자 김두식이 특이한 책을 냈다. '영화보다 더 재미있는 인권 이야기'라는 부제가 달린 『불편해도 괜찮아』(김두식, 창비, 2010)라는 책이다. 김두식은 『헌법의 풍경』, 『교회 속의 세상 세상 속의 교회』, 『불멸의 신성가족』, 『평화의 얼굴』을 낸 헌법학자이다.

김두식은 헌법학자이면서 양심에 따른 병역거부, 기독교 문제같이 다양한 분야의 책을 낸 사람이다. 그런데 이번엔 영화 이야기라니. 알고 보니 김두식은 지독한 영화광이다. 역사도, 외국어도, 사랑도, 인권도 모두 영화에서 배웠다니 알 만하다. 토속 에로물을 두 편씩 보여주던 학교 앞 삼류극장과 프랑스문화원을 오가며 놀기 좋아했다는 사람이 법학자가 되다니 참 세상은 불공평하다. 어찌 이렇게 재주를 한 사람에게만 몰아주느냐 말이다.

이 책은 국가인권위원회 시민교육팀 팀장이던 남규선, 그리고 인권교육과에서 콘텐츠 배급을 맡고 있는 임경숙이 영화를 강의에 자주 이용하던 김두식에게 집요하게 설득해 나온 책이다. 모두 9장으로 되어 있다. 큰 제목은 '네 멋대로 해라'에서 '그냥 다 죽이면 간단하지 않나요?'까지 모두 아홉 가지가 나온다. 그 제목에 따라 청소년 인권, 성소수자 인권, 여성과 폭력, 장애인 인권, 노동자의 차별과 단결, 종교와 양심에 따른 병역거부, 검열과 표현의 자유, 인종차별의 문제, 차별의 종착역, 제노사이드라는 내용이 들어 있다.

첫 장 '청소년 인권'에서 김두식은 자신의 딸 이야기부터 털어놓는다. 중학교 1학년이 된 딸하고 자꾸 부딪치니까 선배한테 고민을 털어놓는다. 그 선배는 모든 인간에게는 일생 쓰고 죽어야 하는 '지랄 총량'이 정해져 있다고 말한다. 어떤 사람은 그 정해진 양을 사춘기에 다 써버리고, 어떤 사람은 나중에 늦바람이 나서 그 양을 소비하기도 하는데, 죽기 전까진 반드시 그 양을 다 쓰게 되어 있다는 이야기다. 김두식은 우리나라 청소년들이 '지랄병'이 도지는 까닭이 명문대 진학을 목표로 사회 전체가 미쳐 돌아가기 때문이라고 주장한다. 그렇다. 이 나라 청소년들이 점점 병들어가는 건 친구를 잘못 사귀어서 그런 게 아니라 이 사회와 깊은 연관이 있다.

각 장마다 영화 이야기가 나온다. '여성과 폭력'에서는 〈똥파리〉, 〈연애의 목적〉, 〈미쓰 홍당무〉, 〈안토니아스 라인〉 같은, 우리가 봤거나 못 본 영화 이야기를 하면서 여성과 폭력이라는 주제를 다룬다. 김두식은 그 영화를 이야기하면서 "여성에 대한 폭력과 차별의 바탕에는 가부장주의와 혈연주의가 자리 잡고 있다"고 결론을 내린다. 그런 가부장주의와 혈연주의에 상처 입은 사람들에게 위로와 용기를 주는 영화라는 〈안토니아스 라인〉은 김두식의 줄거리 설명만 봐도 꼭 보고 싶은 마음이 든다. 그 밖에도 책에 나오는 수많은 영화를 다시 한 번 보고 싶은 마음이 들 정도로 새롭게 깨닫는 점이 많다. 내가 영화를 보면서 이렇게 놓친 부분이 많다니.

처음으로 돌아가서, 책 맨 앞에 나오는 서문은 마음에 들지 않는다. "사랑하는 아내는 제가 쓴 모든 책의 공동 저자나 마찬가지"라는 소리만 없었다면 좋았겠다. 글 서문에 꼭 자기 아내와 '양가 부모님, 누나, 형, 처남 일가족에게도 이 책이 작은 선물이 되기를 소망'한다는, 혈연주의가 풍기는 이야기까지 쓸 필요가 있을까? 차라리 이 책은 인권을 침해받은 약자들에게 선물로 바친다고 했더라면 더 좋지 않았을까 싶다.

그 밖에도 어떤 이야기들은 하루 벌어 하루 먹고 사는 이들이 보기에는 '우리' 이야기로 생각하지 않을 수도 있다. 글쓴이는 약자들의 인권을 이야기하고 있지만, 우리 사회에서 편하게 먹고 사는 축에 들어가는 사람이다. 김두식 주위에 있는 사람들은 자녀들을 거의 외국 유학을 보내는데, 그렇게 여유 있는 이들이 자녀를 조기유학 보내는 원인도 우리 사회가 정상이 아니기 때문이라고 주장한다. 우리 사회가 정상이 아니란 건 공감할 수 있는데, 그렇다고 부자들이 다 그런 까닭으로 자녀를 조기유학 보낼까? 자기들끼리만 잘 먹고 잘살려고 하는 이들이 얼마나 많은가. 김두식은 '착한 부자'만 봤나 보다.

그런 실수는 넘겨두고 이 책을 꼭 한번 읽어보시길 바란다. 영화는 영화대로 인권은 인권대로 새롭게 깨닫게 된다. 글쓴이 김두식은 각 장 제목대로 청소년 인권, 성소수자 인권, 여성의 인권이 존중되어야 하는 사회를 간절히 바란다. 가난한 이들까지 인권을 누리면서 잘사는 사회가 되려면 어떻게 해야 할까. 김두식은 마지막 장에서 국가는 언제든지 괴물로 변할 수 있는 위험한 존재이기 때문에 '어련히 알아서 잘하겠지' 하고 생각하는 바로 그곳에서 인권 유린이 시작된다고 말한다. 그럼 어떻게 해야 하나. 답은 나와 있다.

마지막으로 근본적인 질문 하나. 그럼 인권이 뭘까. 글쓴이 김두식의 아내가 물었다.

"당신이 이 책에서 말하려는 인권은 도대체 뭐야?"

김두식이 뭐라고 대답했을까?

"엄마, 나 엄마 배 속에서 나왔지?"

입양가족 이야기
『세상의 모든 소린이에게』

『세상의 모든 소린이에게』(김지영, 오마이북, 2016)라는 책이 나왔다. 제목에 나오는 소린이는 생후 27일 때 저자가 공개 입양한 딸이다. 네 살이 됐을 때 소린이가 엄마에게 물었다.

"엄마, 나 엄마 배 속에서 나왔지?"

"응? 으응, 근데 소린아. 엄마 배 속에서 나온 거나 엄마 가슴에서 나온 거나 다 같은 거야. 나중에 마음 아파하지 마. 알았지?"

엄마가 겨우 대답했는데 소린이는 태연하게 대답했다.

"응, 엄마. 엄마도 그러지 마. 그러면 내가 엄마 눈물 닦아줄게."

옆방에서 그 대화를 듣던 저자는 그만 울컥 목이 메었다.

소린이가 아홉 살이 됐을 때 저자 김지영과 부인은 입양가족으로 9년 동안 살면서 이런저런 사회적 편견에 부딪혔다. 입양했다는 말만 하면 "대단한 일을 하십니다"라는 반응이 나온다. 그 말 뒤에는 '내 자식 하나 키우는 것도 힘든 세상인데 남의 자식까지 키우다니'라는 속내가 들어 있다. 가족을 이룬 방법만 다를 뿐 사는 모습은 특별하지 않은데 입양 부모는 대단한 사람이고 입양아는 불쌍한 존재로 인식한다. 대놓고 화를 낼 수는 없지만 속으로 계속 상처를 받는다.

김지영은 2014년 12월에 공개 입양한 딸 소린이 이야기를 오마이뉴스에 올렸다. 「8살 내딸 소린이… 다른 시선으로 보지 마세요」라는 제목으로. 놀라웠다. 조회 수가 7만여 명. "소린이네 가정이 언제나 화목하고 좋은 일만 있길 빌어 봅니다"라고 응원하는 사람이 대부분이었지만 가끔 영혼 없이 폄하하는 사람도 있다. "소린이가 불쌍타…. 소린이를 키우는 양부모가 생색을 너무 낸다…." 글 쓴 사람 사진을 보니 넥타이를 맨 차림의 점잖은 중년으로 보이는 사람이었다. 인간, 호모사피엔스를 이해하지 못하는 사람이다.

인문학을 배우는 까닭은 인간을 이해하고 공감 능력을 키우려는 것이다. 이 책은 인터뷰를 해서 쓴 입양에 관한 이야기이지만 인간을 이해하는 인문학 책이기도 하다. 입양하지 않은 이도 이 책을 한번 읽어봐야 할 이유다.

저자 김지영은 제주도에서 목수 일을 하면서 틈틈이 입양 관련한 사람들을 찾아 인터뷰를 했고 오마이뉴스에 연재했다. 「헬멧 쓴 아기인데 입양하시겠어요?」라는 글은 백만여 명이나 읽었다. 제목에 낚였기 때문이라고 볼 수도 있지만 '이타적인 인간'을 이해하고, '가족'이라는 개념을 새롭게 생각해 볼 수 있는 글 가운데 이만한 글도 없다.

작년 5월 13일엔 서울 서교동에 있는 가톨릭회관 '다리'에서 북 콘서트가 열렸다. 저자 김지영은 몇 사람 안 올 거라고 엄살을 부렸는데 180명을 수용하는 공연장에 빈자리가 거의 없을 정도로 찼다. 2010년에 한국에서 세계 최초로 만들었다는 '한국입양어린이합창단'이 나와 노래를 불렀다. 가슴에 분홍색 하트 모양이 새겨져 있는 하얀 티셔츠를 입고 나온 25명의 아이들이 부르는 노래가 공연장을 울렸다.

사회자가 책에 나온 입양 가족들을 몇 명 무대로 나오게 했다. 나이 마흔일곱 살 때부터 세 아이를 입양한 유현미 씨에게 사회자가 아이를 키우면서 어느 때 가장 힘들었냐고 물었다. 유현미 씨는 조금 전에 무슨 일이 있었는지 가슴을 쓰다듬더니 엉뚱한 대답을 했다.

"조금 아까요. 딸 혜주가 없어져서 한참 찾았어요. 힘들었어요."

청중이 폭소를 터뜨렸다. 유현미 씨 남편은 금천구청장 차성수 씨다. 그이는 "부모 없이 자란 아이가 단 한 명도 없는 세상"을 바라고 있다.

사춘기 때 입양된 사실을 알아 오랫동안 방황했다는 기독교 음악(CCM) 가수 박요한이 무대로 나와 노래를 불렀다. 책에는 박요한이 생모를 만나고 싶었던 이유가 나온다.

"엄마를 용서하고 싶었어요."

두 사람은 사과와 용서의 눈물을 흘렸다고 했다.

이 책엔 아이와 헤어질 수밖에 없었던 미혼모 이야기부터 헬멧 쓴 아이를 입양한 이야기, 전문가가 들려주는 연장아 입양 이야기, 슬픔을 딛고 아이 셋을 입양한 이야기, 시설 원장이 들려주는 이야기 등 22개의 입양 이야기가 실려 있다. 오마이뉴스에 문답식으로 쓴 글을 재미있게 재구성한 글이라 술술 읽히고 배울 점도 많다.

입양 전문가와 입양 가족들이 한목소리로 규탄하는 내용도 있다. 2012년 8월부터 시행한 입양특례법이다. 생모가 아이를 호적에 올리지 않으면 입양을 보낼 수 없게 만든 이 법은 '아동의 권익과 복지를 증진하는 것을 목적'으로 하기는커녕 아이를 죽이는 '살인법'이다. 이 정부는 대체 그런 법을 왜 만드는지 모르겠다. 제발 아무 일도 하지 말고 가만히 있으면 좋겠다. 버려지는 아이들이 줄어들도록.

흙·곡식·똥 순환 관계의 핵심 고리는?

자연순환의 길
『시골똥 서울똥』

지난 4일 오후 서울 광화문역 앞에서 서울 법인택시 업체와 택시기사들이 LPG 값을 인하하라며 저속 운행 시위를 벌였다. 2009년 6월 이후 2400원인 택시 기본요금은 그대로인데 750원대였던 리터당 LPG 값은 50퍼센트 넘게 올랐다. 가스를 생산하는 곳에서 가격을 올린 건지 우리나라 기업에서 가격을 올린 건지는 잘 모르겠지만 우리나라는 언제든지 이 화석에너지 파동에 휘둘릴 우려가 있다.

그런데 이 화석에너지는 영원할까? 현재와 같은 수준으로 에너지를 사용하면 지구상에 존재하는 화석에너지는 앞으로 얼마나 쓸 수 있을까. 지구상에 매장된 석유는 2조 배럴로 추정된다. 지난 100년 동안 그중 절반을 2000~2010년 무렵에 다 써버렸다는 것이 믿을 만한 과학자들의 일치된 견해다. 길게 봐야 30~40년 뒤에는 석유가 사라질 것이다. 이 세상에서 석유가 바닥나면 모든 것이 멈춘다. 아니, 석유가 인류 멸망의 날까지 땅속에서 나온다 해도 환경오염으로 인한 지구온난화와 생태계 파괴로 인간은 이 지구에서 살지 못할 것이다.

『시골똥 서울똥』(안철환, 들녘, 2009)은 지구 자원을 고갈하지 않고 자연을 순환시킬 수 있는 길을 가르쳐준다. 흙에서 나온 것은 사람에게 먹을거리가 되고 먹을거리는 사람을 통해 똥이 되어 거름으로 만들어져 다시 흙으로 돌아간다. 수세식 화장실에서 물과 함께 바다에 버리는 똥은 환경을 오염시키고 생태계를 파괴한다. 글쓴이는 말한다. "환경오염, 생태계의 파괴 문제는 밥과 똥의 순환이 끊긴 데서부터 비롯되었다고 해도 과언이 아니다. 흙과 곡식과 똥의 순환 관계에서 핵심 고리는 똥이다."

화석에너지가 떨어져도 인간이 자연과 함께 생명을 유지하려면 어떻게 해야 할까. 답은 나와 있다.

약의 남용 부추기는 '제약회사'…
건강사회 길찾기

건강한 삶의 가이드
『식후 30분에 읽으세요』

양약을 먹지 않고 지금까지 버티고 있는 기간이 한 5년쯤 되나 보다. 3년 전에는 병원에서 췌장수치가 남보다 세 배가 나온다고 했다. 정확히 무슨 수치인지는 묻지 않았다. 재검을 받으라고 했지만 받지 않았고 약도 먹지 않았다. 지난번 심한 감기 때도 '먹으면 일주일, 안 먹으면 7일이면 낫는다'는 우스갯소리를 믿고 버텼다. 10일이 지나니 말짱해졌다.

이매진에서 나온 책 『식후 30분에 읽으세요』(건강사회를 위한 약사회, 이매진, 2013)를 읽었다. 이 책을 쓴 '건강사회를 위한 약사회'는 1987년 6월 항쟁 때 민주화를 위해 뜻을 모은 약사들이 모여 1990년에 창립한 단체다. 믿을 만한 책이라는 말이다. 이 책에 따르면 약은 동양과 서양의 관점이 다르다. 동양인은 '약과 음식은 하나다'라는 관점이 있다. 그래서 지금도 '약이 되는 음식' 같은 말이 일상에서 쓰인다. 반면 서양인은 '모든 약은 독이다'라는 격언을 자연스럽게 받아들인다. 약국이나 약사라는 말의 어원인 '파르마콘(pharmakon)'은 약물, 치료, 독 등의 모순되는 여러 의미를 갖고 있는 그리스어라고 한다.

이 책에서는 꼭 필요한 약은 먹되 용량을 정확하게 지켜야 한다고 말한다. 프로스카는 전립선 비대증 치료제이지만, 약의 용량을 줄이면 대머리 치료제 프로세시아가 되고, 항생제인 독시사이클린은 용량을 줄이면 잇몸강화제가 되고, 해열진통제인 아스피린은 용량을 줄여 혈전증 치료제로 쓰기도 한다. 이렇게 용량을 다르게 하면 전혀 상관없는 병의 치료에 쓰이는 게 전문가인 약사의 눈으로 봐도 신기하다니 약을 먹을 때 양을 정확히 지키는 게 얼마나 도움이 될지 알 만하다.

필요 없는 약을 먹는 사람들도 있다. 챔픽스라는 금연보조제는 자살과 우울증을 일으킬 위험이 다른 금연보조제에 견줘 여덟 배 높단다. 미국의 마이클 퍼버그 교수는 '챔픽스는 금연에 따른 이익보다 위험성이 더 큰 약'이라고 했다. 공부 잘하게 하는 약도 마찬가지다. 아이들의 성적을 올리려는 부모들의 과잉 관심과 학생들의 그릇된 열망, 그런 현실을 이용해 제약회사와 의교기관이 합작해 공부 잘하게 하는 약을 유행시키고 있다는 것. 그 약은 대부분 주의력 결핍 과잉행동장애(ADHD) 환자를 관리하고 치료할 때 쓰이는 약이란다. 병원에서 가짜 처방으로 그 약을 적지 않게 사용했다니 정말 무서운 일이다.

이렇게 약의 남용을 부추기는 건 제약회사다. 세계에서 유명한 다국적 제약회사들이 신약 연구 개발보다 새로운 질병과 환자를 개발하는 데 더욱 열을 올린다. 겁주기 마케팅이다. 건강한 사람의 콜레스테롤이 얼마나 높아야 심장 질환의 위험성이 높아지는지는 아직 밝혀지지 않았다는데 가이드라인 전문위원회는 다른 질환과 마찬가지로 정상 범위를 점점 좁히고 있다. 건강한 사람도 약을 먹는 소비자로 만들기 위해서이다.

내가 건강한 삶을 유지하려면 어떻게 해야 할까. 돈이 있든 없든 상관없이 병에 걸린 사람은 누구나 공평하게 약을 쓸 수 있게 하려면 어떻게 해야 할까. 이 책에 그 해답이 있다.

정의란 미덕을 키우고
공동선을 고민하는 것?

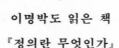

이명박도 읽은 책
『정의란 무엇인가』

요즘 무슨 책을 보냐고 누가 묻기에 『정의란 무엇인가』(마이클 샌델, 김명철 옮김, 와이즈베리, 2014)라고 대답했더니 '흐흐, 역시 그런 책만 보는군' 하는 눈빛으로 실실 웃는다. '정이란 무엇인가'라고 잘못 알아들은 거다. 내가 파울로 코엘료의 『11분』이라든가 야마모토 다이스케의 『바람피우고 싶은 뇌』 같은 야시시한 책들을 즐겨 보니까 '정의란 무엇인가'가 '정이란 무엇인가'로 들렸던 거다. 사랑, 정, 섹스에 관련한 책? 사람이 선입견을 가지면 안 되지.

내가 즐겨 찾는 한강문고에 이 책 『정의란 무엇인가』가 깔리자마자 산 까닭은 두 가지였다. 먼저 표지가 멋있었다. '정의란 무엇인가'라는 책 제목에 '20년 연속 최고의 명강의'라는 카피, 드넓은 강당, 수많은 사람들이 모여 있는 데서 강연을 하는 글쓴이의 모습이 멋져 보였다. 나도 가끔 글쓰기 강연을 하러 다니는데 이렇게 멋있는 내용으로 멋지게 강연한다면 얼마나 좋을까 하는 생각이 문득 들었다. 착각도 유분수지.

그리고 두 번째, 책을 들어 내용을 살펴봤는데 바로 이런 사례가 나왔다. 내가 시속 100킬로미터로 철로를 달리고 있는 전차 운전사라고 가정했을 때 바로 앞에 인부 다섯 명이 작업도구를 들고 철로에 서 있다. 전차를 멈추려 했지만 브레이크가 말을 듣지 않는다. 이 속도로 들이받으면 인부들이 모두 죽고 만다는 사실을 알기에 절박한 심정이 된다. 그때 오른쪽에 있는 비상 철로에서 인부 한 사람이 일하고 있다. 전차를 비상 철로로 돌리면 인부 한 사람이 죽는 대신 다섯 사람이 살 수 있다. 사람들 대부분이 "돌려! 죄 없는 사람 하나가 죽겠지만, 다섯이 죽는 것보다는 낫잖아." 할 것이다. 한 사람을 희생해 다섯 목숨을 구하는 거다.

그런데 이번에는 내가 전차 운전사가 아니라 밖에서 보던 구경꾼이라고 가정을 한다. 아까 같은 전차가 인부 다섯 명을 들이받기 직전에 철로에 있던 다른 덩치 큰 사람을 철로로 밀어 그 전차에 치어 죽게 하면 그 한 사람은 죽지만 인부 다섯 명은 목숨을 건질 것이다. (내가 직접 철로로 몸을 던질까 생각도 했지만, 전차를 멈추기에는 몸집이 너무 작아서 안 된다는 것을 가정한다.) 그런데 이 사례는 첫 번째 사례와 달리 다섯 목숨을 구하면서 한 사람을 죽이는 건 아주 몹쓸 짓이라는 생각이 든다.

똑같이 다섯 사람을 구하면서 똑같이 한 사람이 죽는데, 왜 첫 번째에서는 옳다고 생각하던 그 행동이 두 번째 사례에서는 왜 안 된다는 생각이 들까. 이 사례를 보는 순간, 재미있겠다는 생각이 들었다. 멋진 책 표지와 쉽게 대답할 수 없는 사례. 그 두 가지 때문에 망설임 없이 1만 5천 원이라는 책값을 냈다. 아마도 책

중간에 있는 '자유주의에서 공리주의, 아리스토텔레스에서 존 롤스까지'라는 문구를 봤더라면 좀 더 생각해봤을 것이다.

책을 읽는데 역시 처음엔 재미있다. 책에 나온 사례를 하나만 더 보자. 2004년 여름 허리케인 찰리가 플로리다를 휩쓸고 지나간 뒤에 장사꾼들은 평소 2달러에 팔던 얼음주머니를 10달러에 팔고, 지붕 위에 쓰러진 나무 두 그루를 치우는 데 무려 2만 3000달러를 요구하고, 허리케인을 피해 묵은 호텔에서 하루 방값으로 160달러를 내게 만들어 폭리를 취한다. 마이클 샌델은 이 장사꾼들의 행태가 옳은지 묻고 "주정부는 가격폭리를 금지해야 하는가?" 하고 묻는다. 책을 읽으면서 그게 당연한 거 아닐까? 하고 생각해보지만 마이클 샌델은 쉽게 답을 말하지 않는다. 가격폭리처벌법에 관한 논쟁을 보여주면서 도덕과 법에 관한 질문을 던진다.

저자 마이클 샌델은 가격폭리처벌법을 둘러싼 논쟁은 단지 행복과 자유에 관한 논쟁에 그치지 않고 미덕의 문제가 개입되어 있다고 한다. 그러나 무엇이 미덕이고 무엇이 악덕인지 누가 판단하겠느냐고 반문한다. 글을 읽으면서 '그걸 왜 모르지?' 하는 생각을 할라치면, 저자는 다원화 사회의 시민은 그런 판단에 반대하지 않느냐고 묻는다. 어, 그런가? 당연한 듯한 내용에 대구를 해보지만 저자의 반문에 확신이 서지 않는다. 저자는 또 "미덕에 대한 판단을 법으로 규정하는 것은 위험한 일이 아니던가?" 하고 못을 박는다. 맞아. 그런 걸 법으로 규정하면 안 되지. 마치 마이클 샌델이 내 앞에 앉아서 대답하고, 또 질문하는 듯하다.

저자는 사회가 정의로운지 묻는 것은, 우리가 소중히 여기는 것들, 이를테면 소득과 부, 의무와 권리, 권력과 기회, 공직과 영광 등을 어떻게 분배하는지 묻는 것이라고 하면서 이야기를 풀어간다. 하지만 또 정의로운 사회는 이것들을 올바르게 분배하는데 그것을 누가 왜 받을 자격이 있는가를 물어본다.

마이클 샌델 교수는 정의로운 사회라면 '시민의 미덕을 장려해야 하는가? 아니면 법은 미덕에 관한 서로 다른 개념들 사이에서 중립을 지키면서 시민 스스로 최선의 삶을 선택하도록 해야 하는가?' 하고 묻고 이 질문이 고대 정치사상과 근대 정치사상을 가른다고 했다. 뒤이어 아리스토텔레스가 말하는 정의가 무엇인지 나오고, 18세기의 이마누엘 칸트, 20세기의 존 롤스가 주장하는 우리 권리를 규정하는 정의의 원칙이 나온다. 아리스토텔레스, 칸트, 롤스 같은 철학자 이름이 나오면서 어쩐지 점점 어려워질 것 같은 예감이 들었다.

역시 읽어갈수록 쉬운 책은 아니었다. 단순히 정의가 무엇인지 묻는 책이 아니라 정치 철학에 관한 책이다. 이 책은 저자가 강의를 열 번 한 것을 묶은 책인데 우리나라 대학처럼 주입식 강의가 아니고 수강생들한테 나오는 질문에 저자가 답변을 하는 방식이다. 강의마다 사례가 있다. '최대 다수의 최고 행복'을 추구한다는 공리주의를 비판할 때는 남태평양에서 네 사람이 표류하던 배에서 병든 한 사람을 죽이고 그 시체를 먹고 살아남는 선원들의 사례를 들면서 한 사람을 죽여 세 사람이 살아남는 게 과연 정당한가 하고 묻는다. 자유지상주의를 비판할 때는 농구 선수 마이클 조던의 수입에서 세금을 떼 가난한 사람을 돕는 것이 정당한가, 또 합의해서 사람을 먹은 것을 금지하는 것이 옳은 일인가 하고 묻는다. 누구도 선뜻 대답할 수 없는 질문을 한다. 실제로 일어났고, 일어날 만한 사례를 들면서 쓴 책이 아니라면 이책은 논문 같아 읽어볼 생각도 안 했을 것이다.

조금 걸리는 곳이 있었다. 마이클 샌델이 말하기를 행복이란 개념은 대개는 부유한 삶과 같다. 또 풍요로움은 행복에 기여하기 때문에 중요하다. 하지만 돈이 많고 풍요롭고 부유하다고 해서 삶이 꼭 행복할까. 이것은 자본주의에서나 통용되는 말이 아닐까. 마이클 샌델은 인간 공동체를 유지할 방도를 찾는 지식인이지만 자본주의 안에서 풍요로움을 누리며 살던 지식인이기에 한계가 있는 듯이 보인다.

책 속에 마이클 샌델 교수 생각은 잘 드러나지 않는다. 빙빙 에둘러 여러 철학자들이 주장하는 내용을 늘어놓는다. 도대체 저자의 결론은 무엇일까? 결론은 '정의란 미덕을 키우고 공동선을 고민하는 것'이다. 정의는 올바른 분배만의 문제가 아니라는 것이고 올바른 가치 측정의 문제이기도 하다는 것이다. 마이클 샌델은 또 시장 친화적 사고가 전통적인 삶의 영역까지 파고든다고 주장한다. 빈부 격차가 지나치면 민주 시민에게 있어야 할 연대 의식이 약화된다는 것이다. 불평등이 깊어질수록 부자와 가난한 자의 삶은 점점 더 괴리되기 때문이다. 저자는 "다문화 사회의 미국 시민들은 도덕과 종교에 이견이 많아 정부가 중립을 지키기란 불가능하지만, 적어도 상호 존중을 바탕으로 한 정치는 가능하지 않을까?" 하고 반문한다. 그러기 위해서는 시민들이 좀 더 적극적으로 동료 시민의 삶에 개입해야 한다고 주장한다.

이 부분을 읽으면서 이 책을 이명박 대통령이 휴가 때 읽으려고 챙겼다는 이야기가 떠오른다. 과연 이명박이 이 책을 읽었을까? 읽었다면 무슨 생각을 했을까. 음, 그래, 맞아. 불평등이 깊어질수록 부자와 가난한 자의 삶은 더 괴리되지. 그래, 같이 살아야 돼, 하고 생각했을까? 아마 그럴지도 모른다. 이명박은 우리 서민들을 잘살게 하려는 마음에서 부자들의 세금을 깎아주었지. 기업이 잘돼야 서민들도 잘살 수 있다고 착각하는 사람이니까. 또 시민들이 연대의식을 키워야 한다는 내용에도 공감할 거야. 못사는 서민들은 못사는 서민들끼리 살아야 하는 걸 연대의식이라고 굳게 믿는 사람이니까.

오랜만에 어려운 책을 끝까지 읽었다. 역시 나는 이런 책보다 파울로 코엘료의 『11분』이나 '제러드 다이아몬드가 들려주는 성의 비밀'이라고 부제가 붙은 『섹스의 비밀』 같은 책이 쉽고 재미가 있어 더 좋다. 하지만 아주 가끔은 이런 책도 읽어봐야겠다는 생각을 한다. 공리주의, 가언명령, 정언명령처럼 여러 가지 어려운 심리학, 철학 용어가 들어 있어 읽기가 쉽지는 않다. 세상을 더 알려면 철학도 좀 배워야겠다는 생각이 절실히 들었다.

철학을 웬만큼 아는 이도 이 책에서 하는 질문에 쉽게 답하지 못할 것 같다. 대답해보라. "탈세로 걸리지 않는다는 확신이 들어도 세금을 내겠습니까?" "나쁜 부모에게는 잘하지 않아도 될까요?" "내 아이 목숨이 달렸다면 약을 훔쳐도 될까요?" 무슨 대답이 나올까. 그리고 마이클 샌델은 또다시 어떤 질문을 던질까.

이 책을 읽고 난 뒤 우리 사회는 어떤가 생각하게 된다. 오로지 시장을 숭배하고, 재벌한테만 퍼주는 정권 때문에 서민들의 삶은 점점 피폐해지고 있는데, 우리 서민들은 어떤가. 콜트콜텍,

동희오토사내하청지회 해고자들이 짧게는 1년 길게는 10년이
넘도록 해고 투쟁을 하고 있다. 그런 이들을 외면한 채 오로지
자기 자식만을 '좋은' 대학에 보내 이 자본주의 사회에서 '성공'
하기만을 바란다. 그럴수록 이 자본주의는 점점 단단해진다는
것을 모른 채.

지배자를 두렵게 만드는 힘 '저항'

두려움 모르는 자유의 길
『청년이 묻고 철학자가 답하다』

　책을 좋아하지만 이병창이 쓴 책은 처음 읽었다. 『청년이 묻고 철학자가 답하다』(이병창, 도서출판 말, 2015). 저자는 오랫동안 철학적 글쓰기만 해왔던 사람이다. 그런데 2012년 이후 우리 사회에서 벌어진 종북몰이 때문에 '거침없이 현실발언을 쏟아냈다'고 한다. 종북몰이야 해방 때부터 친일파 세력들로 이루어진 보수, 수구 세력들이 다시 정권을 잡은 뒤부터 저질러왔던 짓 아닌가. '빨갱이'가 '종북'으로 낱말만 바뀌었을 뿐 아닌가? 궁금한 마음으로 책을 들었다.

　이 책은 '민족문제 청년연구모임'이라는 청년단체에서 활동하는 청년들이 던진 수십 가지 어려운 질문에 대답했던 강연을 풀어 쓴 책이다. 청년들의 물음은 거의 대부분 삶에서 부딪힌 고민과 연관돼 있다. 윤리 철학적이거나 사회 철학적인 물음이었다. 청년들은 이론을 소개해 달라는 것이 아니었다. '우리에게는 왜 꿈이 없을까?', '법륜과 김난도, 혜민을 어떻게 생각합니까?', '남에게 피해를 주지 않는 개인주의가 가능한가?' 이런 물음에 명쾌한 답을 원했다. 제목에는 '청년들이 묻는다'고 했지만 청년이 아닌 시민이라면 알아야 할 문제였다. 이병창은 이런 질문을 가지고 일주일에 한 번씩 6개월 동안 스물여섯 번 강연을 했다. 책은 모두 7부로 나눠져 있다.

이병창은 책에서 먼저 철학은 어렵다고 말했다. 그 이유가 철학자는 그 시대의 혁명이기 때문이라고 생각한단다. 자기 시대를 넘어서려 할 때 철학이 시작된다는 말이다. '철학이 가장 상대하기 힘든 것은 상식이다. 그 시대 생각의 기본적 틀은 너무 자명하다. 아무도 그런 상식이 전제되어 있다는 것조차 깨닫지 못한다. 철학은 그런 상식적인 생각을 전복하려는 학문이다. 철학이 상식을 넘어서려 하는데 상식을 통해 보여달라는 건 철학을 배반하라는 말과 같다'고 한다. 이병창은 이 책에서 경험주의 대신 변증법적 인식으로 사고하라고 권유한다. 개인주의 대신 공동체주의를, 민주주의 대신 자치의 사회를, 욕망의 자유 대신에 진정한 자유, 자주성의 길을 내세운다. 이병창은 어려운 철학을 독자에게 쉽게 전달해주려고 애를 썼다.

젊은이들이 물었던 '우리에게는 왜 꿈이 없을까?'라는 질문에 이병창은 오히려 "정말 꿈이 없는 건가요? 그 이유는 뭡니까?" 하고 묻는다. 이어 청년들에게 꿈이 없다는 말이 사실이 아닐 거라고 결론을 내린다. 결국 시대적 상황이 청년을 그렇게 만들었을 거라고 한다.

저자는 그렇게 된 사례를 들어준다. 한국 사회의 경제 위기가 야기한 비정규직의 고통을 청년 세대 대부분이 뒤집어써 희망이 없어졌다는 것이다. 학교는 입시 지옥이다. 편안한 직장에 취직하려면 능력이나 열성보다는 '이른바' 일류대학을 나와야 한다.

아인슈타인이 한국에 오면 강사 자리도 못 얻었을 것이다. 스티브 잡스가 한국에 태어났다면 삼성서비스센터에도 채용되지 못했을 것이다. 해리포터 시리즈로 유명한 영국의 소설가 조안 롤링이 이혼하고 혼자서 아이를 기르며 실업수당으로 살면서 소설을 썼다고 하는데, 그 실업수당이 없었더라면 아마 해리포터 시리즈는 나오지 못했을 것이라고 했다. 아인슈타인이 한국에 오면 강사 자리 하나 못 얻었을 거라는 사례를 보면서 박노자를 떠올렸다.

박노자는 러시아에서 태어나 러시아 상트페테르부르크 대학교 조선학과를 졸업하고 모스크바 대학교에서 고대 가야사 연구로 박사 학위를 받았다. 2001년에 한국으로 귀환했다. 한국인보다 더 한국인 같은 박노자는 한국에서 비정규직 강사 자리 하나 따내지 못해 노르웨이로 갔다. 현재 노르웨이 오슬로 대학교 한국학 교수로 재직 중이다. 박노자 선생은 한국의 비정규직 사회와 학벌 사회를 비판했다. 한국 사회에서 '서울대 안 가기 운동'과 '동문회 같은 연고 집단 불가입 운동'을 권유했다. 학벌 사회가 그런 사회를 만든다는 뜻이겠지.

한국에서는 좋은 대학을 나와도 연고가 없으면 강사 자리 하나 얻기 힘들다. 운이 좋아 자리를 얻더라도 비정규직 교수 자리다.

이병창은 우리 사회는 그런 취직자리뿐만 아니라 청년들의 꿈을 제약하는 금기, 억압이 너무 많다고 한탄한다. 그나마 다행인 것은 1980년대 우리 사회의 민주화, 1990년 서태지가 등장하는 문화혁명으로 경험금지선이 사라지기는 했지만 아직도 많이 남아 있다고 저자는 말한다.

가장 심각한 것은 스스로를 검열하게 만드는 국가보안법이다. 국정원은 국가보안법으로 간첩을 조작하는데 그게 너무 어설퍼 법정에 가면 금방 드러난다. 하지만 국정원은 그 조작을 멈추지 않는다. 저자는 그 이유를 스스로 검열하도록 하기 위해서라고 본다. 자신이 혹 간첩으로 몰리지 않을까 조심하게 만드는 것이다.

그렇다고 청년들이 이 사회만 한탄하면서 한국 사회가 자유로운 사회가 될 때까지 아무 꿈도 없이 지내야 하는가, 하고 저자는 묻는다. 이병창은 저항하고 도전하는 혁명이 결코 쉬운 일이 아니고 두려운 일이지만 저항하자고 목소리를 높인다. 저항하는 가운데 그 사회가 감추고 있는 억압도 드러나고 치유될 수 있고, 저항하겠다는 생각만으로도 지배자를 두렵게 만들 수 있다는 것이다.

이병창은 이 책 끝부분에서 근대적 자유주의와 포스트모던 자유주의의 차이를 설명한다. '포스트모던 자유주의'는 개인주의고 합의론자이고, 절차주의이고 민주주의자이고, 세계시민이고 문화적 상대주의자로 규정한다. '쾌락의 자유', '세계 시민', '참여 민주주의'라는 포스트모던 자유주의의 주요 개념은 청년들이 매우 좋아하는 개념이지만 저자는 그 뒤에 있는 씁쓸한 실상을 보여준다. 포스트모던 자유주의자는 미국의 이라크 침략을 지지했다. 그 논리는 이라크의 지배자 후세인은 독재자이니 세계 시민이 개입해서 제거하는 것은 마땅한 일이라는 것이다. 포스트모던 자유주의자가 말한 자유의 이면에는 자기 자신의 욕망이 감추어져 있었다고 결론을 내린다.

"포스트모던 자유주의에서 자유는 무늬에 불과했습니다. 실제로 그 자유를 지배했던 것은 욕망이고 두려움이었죠. 진정한 자유라면 자유주의의 원칙을 굳건하게 지키는 것이 아닐까요? 석유에 대한 욕망 앞에서도, 국가보안법의 협각 아래서도 합의주의와 세계시민주의를 굳건하게 지켰어야 하지 않을까요? 그런데도 세계시민주의는 간데없이 뻔뻔한 제국주의적 침략만 있고, 합의는 간데없고 선동적인 여론 조작만 횡행한다면 그게 무슨 자유주의이겠어요?"

자유주의자도 여러 가지다. 이병창이 말하는 자유주의자는 뉴라이트를 표방하는 자유주의자들을 말하는 듯하다. 조갑제, 김용갑, 공병호, 복거일 같은 자들은 자유주의자들이 아니다. 그 자들이 말하는 자유주의는 사상적, 정치적인 자유와는 거리가 있다. 그건 사이비 자유주의다.

이병창은 현대 철학의 양대 산맥 들뢰즈와 라캉을 훑어보면서, 각각에는 나름대로 한계가 있지만 흥미로운 결론을 이끌어낸다. 그런 사유 끝에 끌어낸 개념이 '자주성'이다. 이 자주성을 통해 얻어지는 삶은 어떤 삶이 될 것인가? 이 책의 부제인 '두려움을 모르는 자유의 길'이 열린다. 현대 철학이 이렇게 우리 실생활에 밀접하다는 걸 다시 한 번 깨달았다.

한국인 박노자는
왜 노르웨이에서 살까?

〈작은책〉 강연 연사들이 말하는

『후퇴하는 민주주의』

이 책을 내가 소개하기는 좀 거시기하다. 왜냐면 내가 발행인으로 있는 〈작은책〉에서 강연한 내용을 엮은 책인데 이 책이 좋다고 이야기하면 아무래도 쑥스럽지 않은가.

그래도 뻔뻔스럽게 내가 다른 책보다 이 책을 먼저 소개하고 싶은 까닭이 두 가지 있다. 첫째는, 내가 강연을 기획했지만 책은 다른 사람이 만들었다. 둘째는, 내가 다 들었던 강연이었지만 책으로 나와 다시 읽어보니, 다시 한 번 꼭 읽어봐야 할 책이라는 생각이 들었기 때문이다.

사람의 기억이 얼마나 짧은지. 게다가 강연과 책이 다시 말해 '말'과 '글'이 이렇게 느낌이 다르고 이해가 깊이 있게 다가오는지 다시 한 번 깨달았다.

『후퇴하는 민주주의』(김규항 외, 철수와영희, 2009), 이 책은 여섯 분이 강연한 내용을 묶고, 하종강, 서경식 선생이 나눈 이야기를 풀어 쓴 책이다. 책을 낸 곳은 '철수와영희'. 처음엔 '무슨 출판사 이름이 이래?' 했는데 지금은 이름 외우기가 너무 좋아 "괜~찮다" 하고 칭찬이 자자한 곳이다. 철수와영희에서 나온 책을 보면 출판사도 괜찮다는 생각이 들 것이다.

『왜 80이 20에게 지배당하는가?』『1%의 대한민국』이런 책들을 냈다. '한 달 안에 1억 버는 법' 뭐 이런 식으로 부자 되라고 꼬시는 책이 아니라서 대박이 날 만한 조짐은 티끌도 없다. 그나마 『왜 80이 20에게 지배당하는가?』라는 책이 국방부에서 불온 도서로 '추천'해주는 바람에 판매 부수가 만 부를 훌쩍 넘었다.

『후퇴하는 민주주의』에서 강연한 분들은 손석춘, 김규항, 박노자, 손낙구, 김상봉, 김송이 선생이다. 그 뒤에 나오는 하종강, 서경식 선생은 말할 필요도 없이 사회에 웬만한 관심이 있는 분들이라면 이분들을 모를 리 없을 게다. 그 가운데 김송이 선생이 조금 낯설겠지만 혹시 보리출판사에서 나온 『낫짱이 간다』를 보신 분들은 '앗! 이분이 그분이야?' 하고 놀라실 게다. 유명한 만화책 『맨발의 겐』도 번역했다. 총련에 속한 재일동포로 조선 학교에서 28년 동안 교사 생활을 했다. 현재는 일본 학교에서 조선어 강사를 하면서 씩씩하게 살아간다. 그이가 강연에서 한 이야기는 어떤 이야기였을까.

여섯 분이 한 강연 이야기를 여기서 다 소개할 수는 없지만 독자들이 어떤 책인지 알 수 있게 하려면 몇 가지는 소개해드려야겠다. 손석춘 선생이 한 강연 '혁명은 다가오는가'에서 나온 질문들. 혹시 이명박이 표를 많이 얻어서 대통령에 당선된 걸로 아시는 분이 계시는가? 천만에, 전체 유권자 가운데 30퍼센트밖에 되지 않았다. 과반수도 안 된 표로 한 나라의 대통령을 하고 있다? 초등학교 선거도 그렇게는 안 한다. '마르크스에게 미래 사회의

유일한 희망은 ~였다.' 여기서 '~'에 들어갈 답은 노동계급일까? 손석춘 선생은 '아니다'라고 우리에게 다시 일깨워준다. 그 답을 정확히 알고 시민사회를 조직해야 한다고 역설한다.

김규항 선생은 '진보란 무엇인가' 하는 제목으로 강연했다. 선생은 진보란 사회가 더 행복해지는 것이라고 말문을 연다. 하지만 '국익'이라고 포장한 지배 계급과 대다수의 정직하게 일하는 사람들이 똑같이 행복해지는 방법은 없다고 말한다. 김규항 선생은 우리가 행복하려면 '우리 안의 이명박'부터 없애야 한다고 말한다. 도대체 '우리 안의 이명박'이 뭘까. 이명박이 0교시, 학교 자율화, 학교 서열화 하니까 '이명박이 아이들 다 죽인다' 하고 비판했는데 김규항 선생은 진즉 초등학교 때부터 부모들이 다 죽이고 있었다고 밝힌다. 군사 파시즘보다 자본의 내면화가 더 무섭다는 것이다. '내 아이가 공부를 안 해서 그렇지, 하면 잘해. 서울대도 문제없어' 하는 착각이 우리 안의 이명박일까?

책을 읽으면서 궁금하다 싶으면 강연 때 질문한 분들이 대신 물어준다. '전 대학생이고요, 초등학교 다니는 막냇동생하고 나이 차이가 많이 나서 엄마 같은 마음이 있어요. 그 동생이 날마다 학원을 세 군데나 다니는데 엄마를 어떻게 설득해야 하나요?' 강연장은 웃음바다가 되고 김규항 선생은 진지하고 명쾌한 답을 내놓는다.

박노자 선생은 한국이 좋다면서 왜 노르웨이에서 살까? 정규직 취직이 어렵기 때문이란다. 선생 같은 분이 대학에서 교수로 취직이 안 되는 이유? 그건 이후출판사에서 나온 『비정규 교수, 벼랑 끝 32년』이라는 책을 보면 알 수 있다. 박노자 선생은 비정규직의 문제점이 한국에서 너무 가볍게 다뤄지는 건 아닌가 걱정된다고 했다. 그러면서 한국 사회에서 별의별 운동이 많은데 단두 가지는 없었다고 한다. '서울대 안 가기 운동'과 '동문회 같은 연고 집단 불가입 운동'. 선생은 왜 이런 운동을 권유하는 걸까. 그러잖아도 요즘 내 메일에 들어온 제목 한 가지를 보면 "○○동창 모임의 발전을 위하여"이다. 선생이 한 말을 듣고 이 모임에도 탈퇴를 해야 하나, 하는 생각이 든다.

손낙구 선생은 '집이 많은 놈, 집은 있는 놈, 집도 없는 놈'이라는 제목으로 강연을 했다. 제목을 영화 '놈, 놈, 놈'에서 패러디해 내가 지었는데 가장 섹시하게 지었다고 손낙구 선생이 칭찬했다. 선생은 국민들을 모두 6계급으로 나누었는데 책을 보면서 독자 분들은 어느 부류에 속하시는지 판단해보시기 바란다. 혹시, 술 취하면 찾아가는 제 3계급이 아니신지? 3계급은 '유주택 전월세'라고 한다. 어디에 자기 집을 사 놨는데 도저히 은행 이자가 감당 안 돼서 그 집 세 놓고 작은 셋방으로 이사 가서 사는 사람들이란다.

이 책에 글을 쓴 여섯 분이 모두 분야가 다르다. 그런데 행복하게 살 수 있는 길은 모두 비슷한 지점에서 만난다. 김상봉 선생의 이야기도 김규항 선생과 박노자 선생 이야기와 크게 다르지 않다. 학벌 철폐를 이야기하면서 김상봉 선생은 히딩크와 박지성을 보기로 들었다. 히딩크가 한국에 와서 성공한 것은 학벌 무시, 위계질서 무시하고 박지성을 뽑았기 때문이라고 했다. 공교육은 이제 물 건너갔다고 비판했는데 앨빈 토플러가 『제3의 물결』에서 말한 '공교육은 착실하게 준비된 공장 노동자를 대량

배출하기 위한 것'이라는 맥락과 비슷했다. 김상봉 선생은 이 체제 내에서 낙오를 하자고 선동(?)했다. 오늘 하루를 살더라도 신나게 사는 것이 훨씬 더 행복한 삶이라고 말했다. 그 강연을 들은 우리 작은책 독자 김○○ 학생. 그때 고3이었는데 그 말 듣고 바로 '낙오'를 결심했다. 그리고 지난해 촛불집회 현장에서 사는 모습을 봤다. 멋지다.

강준만의 인물 비평 책 가운데
칭찬 가득한 인물

손석희 저널리즘
『손석희 현상』

버스 운전을 할 때 나는 늘 라디오 〈손석희의 시선집중〉을 들었다. 2004년 즈음 당시 한나라당 당대표였던 박근혜가 출연했다. 손 앵커는 "한나라당이 다수 의석을 얻어야 경제를 살릴 수 있다는 경제회생론의 근거가 무엇이냐"고 물었고 박근혜는 "여당이 못한다면 야당이라도 나서서 해야 되지 않느냐"는 엉뚱한 대답을 내놨다.

하지만 손 앵커는 "한나라당의 전신인 신한국당이 거대 여당의 위치에 있을 때 IMF 환란이 빚어진 것은 어떻게 설명하겠냐"고 재차 물었다. 박근혜는 "한나라당은 새롭게 거듭나는 정당"이라고 교과서 같은 답변을 했고, 손 앵커는 "유권자들은 과거를 보고 판단하지 않느냐"고 물었다. 당황한 박근혜는 "저하고 싸움하시자는 거예요" 하고 발끈했다. 손 앵커는 즉각 "그렇진 않습니다. 질문을 바꿔보겠습니다" 하고 마무리했다.

그때 든 세 가지 생각. 첫째, '박근혜 참 무식하다.' 둘째, 그때 만일 내가 손석희였다면 "저하고 싸움하시자는 거예요"라는 대답에 '어떻게 대응했을까', 셋째, 손석희라는 사람 참 순발력 있고 믿을 만한 언론인이라는 생각이었다.

손석희는 나뿐만이 아니라 한국인이 가장 신뢰하는 언론인이었다. 그런 이가 어느 날 중앙일보 종편 JTBC로 간다고 했다. 손석희는 "JTBC가 공정하고 균형 잡힌 정론으로서 역할을 하는 데 일조할 수 있다면 큰 보람"이라고 했고, 그에게 전권이 위임됐다는 소식이 들렸다.

하지만 사주가 삼성 계열 자본인데 아무리 손석희라도 JTBC가 삼성그룹을 비판할 수 있겠냐는 생각이 들었다. 어찌 나뿐만이겠는가. 그 당시 진보 진영에서는 많은 이들이 실망감과 배신감을 드러냈다. 전국언론노조 위원장 강성남은 "손석희 교수의 JTBC행에 대해 딱히 크게 의미를 부여하고 싶지는 않다. 좋은 조건에 직장을 옮긴 것이고, 이 조건이 손석희 교수에겐 MBC를 사랑하는 마음보다 더 컸던 것"이라고 비판했다. 또 KBS 출신으로 인터넷 팟캐스트 방송 〈뉴스타파〉로 옮긴 기자 최경영은 트위터에 "손 교수의 제이티비시 보도 사장 취임은 개인적으론 어떤 소망을 이룬 것이겠지만 대중들에겐 '모두가 투항한다. 너희도 포기하라'는 낙담의 메시지를 선사한다"고 썼다.

그런데 그 뒤로 가끔 JTBC 뉴스를 보니 논조가 괜찮았다. 그러다가 2013년 10월쯤 〈뉴스9〉에서 정의당 심상정 의원이 입수한 삼성그룹의 노조 와해 문건 내용을 다룬 헤드라인 뉴스를 봤다. 그리고 이어 삼성전자에서 전자제품 AS 유상 수리에 해당되는 부품이 중고를 새것으로 속여 팔았다는 뉴스도 봤다. 그 두 가지 보도를 보면서 나는 JTBC에 믿음이 쌓이기 시작했다.

2014년 4월 16일, 세월호 참사가 일어난 뒤로는 JTBC 뉴스만 보게 됐다. 손석희 앵커는 5일 동안 팽목항 현지에서 뉴스를 진행했다. 무엇보다 실종자 가족의 목소리를 있는 그대로 담아냈다. 참사가 일어난 지 얼마 지나지 않아 다른 방송들은 세월호 참사 소식이 사라졌지만 JTBC 〈뉴스9〉에서는 90여 일 동안 거의 항상 첫 꼭지가 팽목항 소식이었다. 그 뒤로 텔레비전 뉴스는 손석희가 진행하는 JTBC 뉴스만 보게 됐다.

2016년, JTBC 손석희는 태블릿PC 보도를 시작으로 박근혜·최순실 게이트를 수면 위로 끌어올려, 결국 2017년 이재용을 구속하는 데 큰 역할을 했다. 삼성 계열 JTBC가 삼성전자 총수 이재용 부회장을 구속시키는 데 일등 공신이 된 셈이다.

온갖 자료를 찾아내 날카로운 인물 비평을 하는 강준만 교수가 손석희라는 인물을 다루지 않을 리 없다. 『손석희 현상』(강준만, 인물과사상사, 2017)인데, 특이한 점은 손석희를 비판하는 내용이 없다는 것이다. 강준만이 인물을 비평한 책 가운데 이렇게 칭찬만 한 인물은 보기 드물다. 그만큼 손석희는 거의 완벽한 언론인으로 자리매김했다. 저자는 '손석희 현상'이라는 뜻을 이렇게 밝혔다.

"한 언론인이 12년 연속 '가장 영향력 있는 언론인' 1위, 10년 연속 '가장 신뢰하는 언론인' 1위를 차지한 것만을 놓고도 '손석희 현상'이라고 부를 수 있겠지만, 손석희가 지휘하는 JTBC가 이른바 '박근혜-최순실 게이트'를 파헤치는 데에 앞장섬으로써 대중의 박수와 환호를 받는 것도 '손석희 현상'이라고 볼 수 있다. 한 걸음 더 들어가서 보자면, 손석희가 이른바 '종합편성채널(종편)'의 대반전을 상징하는 기수가 됨으로써 언론계의 지각변동을 몰고 왔다는 것도 '손석희 현상'으로 볼 수 있겠다."

강준만 교수는 손석희를 가리켜, 송건호언론상 심사위원회의 심사평을 빌려 "한평생 언론인의 정도를 벗어나지 않았던 송건호 선생의 자세를 견지했으며, 앞으로도 그럴 것이라는 믿음을 우리에게 주었다"고 칭찬했다. 『손석희 현상』을 보면서 올바른 언론인의 자세를 다시 한 번 생각해보게 된다.

"책 제목들이 너무 강해요"

평범한 이웃들이 쓴 이야기
『우리보고 나쁜 놈들이래』

KBS라디오 프로그램 〈유애리의 집중인터뷰〉에 출연했다. 15주년을 맞이한 월간 〈작은책〉과 버스 기사에서 작은책 발행인으로 일하게 된 내가 취재할 만하다고 방송국에서 생각했나 보다. 방송 시간이 30분이나 되는 꽤 긴 프로그램이었다. 유애리 아나운서와 한참 이야기를 나눴다. 방송이 거의 끝나갈 무렵에 유애리 아나운서가 물었다.

"작은책 15주년을 맞이해 이번에 책을 냈죠? 어떤 책인가요?"

나는 책을 선전할 수 있는 기회라 생각하고 자세히 이야기했다. 15년 동안 작은책에 나왔던 글을 추려 책 세 권을 낸다, 그 첫 책이 이미 나온 『우리보고 나쁜 놈들이래』(작은책 편집부 엮음, 작은책, 2010)이고, 시리즈로 5월 안에 잇달아 두 권이 더 나온다, 2권은 『누가 사장 시켜 달래?』(작은책 편집부 엮음, 작은책, 2010), 3권은 『도대체 누가 도둑놈이야?』(작은책 편집부 엮음, 작은책, 2010)라고 친절하게 덧붙였다. 너무 선전을 했나? 아마 편집 당할지도 모르겠다.

책 제목을 들은 유애리 아나운서가 웃으면서 말했다.

"책 제목들이 너무 강해요."

헉! 역시, 평범한 시민의 반응이군. 참 이상하다. '우리보고 나쁜 놈들이래'. 그냥 고자질하는 말투다. '누가 사장 시켜 달래?'. 그냥 반항하는 듯한 말투다. '도대체 누가 도둑놈이야?'. 억울해서 하소연하는 듯한 말투다. 사람들은 이렇게 고자질하거나, 반항하거나, 억울하다고 하소연하면 그 이야기가 진실인가 아닌가를 살피기 전에 "강하다"고 한다. 이런 내용이 역사나 정치 쪽과 연관돼 있으면 좌파, 빨갱이라고 한다. 이를테면 미국과 맺은 소파협정이 부당하다고 주장하거나 미국이 갖고 있는 '전시작전통제권'을 돌려달라고 하면, 빨갱이의 사주를 받았다고 꼴통 수구 세력들 눈에 핏발이 설 정도로 난리가 난다. 그 소파협정이나 전시작전통제권의 내용이 어떤지는 알려고 하지 않거나, 알려줘도 믿지 않는다.

우리나라는 이렇게 고자질이나, 고발이나, 억울하다고 하소연도 못 하는 사회가 됐다. 지금 우리를 지배하는 세력들이 싫어했기 때문이다. 일제에 해방이 된 뒤, 거꾸로 이 나라를 지배했던 친일파와 뒤이어 30년 동안 이어진 독재 정권은 자신들을 비판하고 고발하는 걸 싫어했다. 징그럽게.

『우리보고 나쁜 놈들이래』는 '강한' 내용이 없다. 평범한 우리 이웃들이 쓴 이야기이다. 10여 년 전에 쓴 글을 다시 읽으면서 눈물을 찔끔 흘리다가 가슴이 턱 막히다가 웃음이 빵 터지다가 한숨이 나오기도 했다. 이 책을 보면, 일하지 않고도 돈을 벌어 우리를 지배하는 자들이 하는 이야기도 다시 되새겨보게 된다. '고통분담', '선 성장 후 분배'. 그 앵무새같이 지껄이는 말들이 예나 지금이나 똑같다는 걸 알 수 있다. 자본가들은 IMF 이후 노동자에게 비정규직을 만들어 '고통전담'을 시켜 더욱더 떵떵거리고 살고 있다.

'지금 알고 있는 것을 그때도 알았더라면' 하고 뉘우치는 것은 이제 그만! 유애리 아나운서를 비롯해 평범한 우리 이웃들이 이 책을 읽어야 하는 까닭이다. 하지만 난, 유애리 아나운서에게도 책을 선물하지 않았다. 왜? 책은 책방에서 사 봐야 하거든.

근로기준법?
실적과 경쟁에서 살아남기

❤

샐러리맨의 비애
『직딩일기』

소심한 김대리가 쓴 『직딩일기』(김준, 홍윤표 그림, 철수와영희, 2007). 글쓴이는 "심장 속에 한 겹 두 겹 쌓여가던 스트레스를 어딘가에 털어놓지 않으면 당장 죽을 것" 같아 글을 쓰기 시작했다고 한다. 대한민국에서 직장을 다니는 사람이라면 "앗, 이건 내 이야기다" 하고 공감할 분들이 많을지도 모른다.

글쓴이는 보험회사 대리다. 비참해질 때 언제라도 사표를 던지려고 은장도처럼 늘 사표를 가슴에 품고 다닌다. 하지만 한 번도 사표를 던져본 적은 없다. "직장 동료 부친의 빈소를 찾았다가 양복 안주머니에서 조의금 봉투를 꺼낸다는 게 그만 휴대용 사표가 나와 버려 당황"한 적이 있을 뿐.

김대리는 대학 다닐 때는 운동권 노래 '바위처럼'을 부르며 토끼처럼 율동도 해봤다. 하지만 직장인이 된 뒤부터는 상사한테 욕을 얻어먹으면서 날마다 할 수밖에 없는 야근에, 술자리에 어울리면서 현실에 파묻히게 된다. 회사가 야근을 강요하지는 않는다. 하지만 실적과 경쟁을 강요당해 실적을 올리고 경쟁에서 살아남기 위해서는 '법정근로시간'으로는 불가능하다. 김대리는 항변한다. "누군들 근로기준법을 검색해보지 않은 자가 있겠는가. 허나 법 위에 있는 것이, 사랑하는 아내와, 토끼 같은 자녀와, 나의 생존"인데 어쩔 거냐고.

사실, 한 달에 80만 원도 받지 못하는 비정규직이나, 그나마 일거리도 없는 사람들에게는 배부른 투정인지도 모른다. 그래서 김대리는 그이들한테 부채 의식이 있다. 교통사고가 난 생산직 여성노동자에게 70만 원 보상금을 제시했더니 "야근 못 한 수당 4800원은 어떻게 되냐"고 묻는 걸 보고는 울컥한다. 그것은 바로 직전에 "70만 원이면 내 하룻밤 술값이군"이라며 값싼 웃음을 흘리던 중소기업 사장 남아무개 씨가 절대로 넘볼 수 없는, 여성노동자가 당연히 받아야 할 소중한 가치라고 생각한다.

김대리는 노동자를 보는 눈이 따뜻하다. 2006년 여름 월드컵 토고전이 있던 날 밤, 라디오도 텔레비전도 나오지 않는 한 평짜리 주차장 투명 부스 안에서 혼자 빨간 붉은 악마 티셔츠를 입고 근무를 서고 있는 여직원을 보고 마음이 싸해진다. 김대리가 할 수 있는 일은 캔커피를 한 잔 사서 건네는 일이었지만 글을 읽는 이도 가슴이 싸해진다. 또 가장 부정적으로 희화된 '보험 아줌마'들이 스스로 삶에 목표 의식을 부여한 강철 여성이거나, 제 힘으로 가정을 일으켜 세우기 위해 씩씩한 삶을 시작한 프로들이라고 생각한다. 귀찮아하며, 선심 쓰듯이 보험 하나 가입해준 사람이 사고가 나거나 보험 처리를 받을 때면 보험 아줌마를 찾아와 쩔쩔 매며 도움을 요청한다. 보험 아줌마는 그런 이들을 사무실로 데려와 "보험 처리 잘 되게 해달라"고 안타까워한다. 맞다. 내 아내도 보험사에 다니는 '보험 아줌마'다. 꼴값에 사회운동 한답시고 돈도 벌지 못하는 나도 아내 덕분에 먹고살고 있다. 회사에서 얼마나 닦일지 모르지만 밖에서 늘 당당한 내 아내를 보노라면 존경스럽기까지 하다.

김대리의 글 소재는 직장 동료다. 글의 소재가 되는지도 모르고 'XX복음외과'라는 병원에 들어가 '볶음밥' 주세요를 외칠 뻔했던 실수를 한 이야기를 하는 동료들, 얼음장같이 차가운 사무실 분위기를 바꿔보려는 H과장이 "금요일에 하는 그 수목드라마 제목이 뭐지?" 하는 실수에 10분 동안 최대한 경박하게 웃어대는 동료들 모습을 떠올리면 웃음이 절로 나온다.

글은 정말 짧막짧막하다. 단락 두 개면 글 한 편이다. 그런데 글쓰기를 배우지 않았다는 사람이 그 짧은 글 안에 하고 싶은 이야기를 다 한다. 김대리는 "너의 목표가 무엇이냐, 목표가 높아야 꿈이 이루어진다"고 질책하는 상사에게, 〈천하장사 마돈나〉라는 영화에서 동구가 외치듯 '난 뭐가 되고 싶은 게 아니라 그냥 살고 싶은 거라구요'를 외치고 싶어 한다. 그 글을 보면서 하종강이 쓴 『그래도 희망은 노동운동』에서 본 글이 생각난다. 주5일제를 주장하는 하종강의 여자 후배 판사가 "주5일제 근무제를 실시하면 개인적으로 하고 싶은 일이 있는지"를 물어보는 기자에게 하는 말. "주5일 근무해서 남는 시간에 뭐하냐구요? 집에서 뒹굴뒹굴해도 되잖아요. 자아 발전 좀 안 하면 어때요? 그냥 퇴보해도 되는 거 아닌가요?" 『천하무적 홍대리』를 그린 홍윤표의 삽화를 보는 재미도 쏠쏠하다.

재미있고 유쾌한
실업극복지원센터의 일상

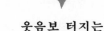

웃음보 터지는
『짬짜미 공모 사바사바』

요즘은 재미있는 책이 없다. 세상이 재미없기 때문이다. 노동자들의 자살이 잇따르고 천막과 철탑 위에서 농성하는 현실. 이런 시대에 재미있는 이야기가 있을 리 만무하다.

이 『짬짜미 공모 사바사바』(최문정, 산지니, 2012)도 사실은 우울한 이야기다. 회비로만 운영하는 '부산실업극복지원센터'에서 취업 취약 계층을 상대로 일자리, 생계, 부채 등을 비롯하여 어려운 이들의 삶을 호소하는 '민생 상담'을 해준 이야기니 재미있을 리가 없다. 그런데 그런 이야기를 최문정 씨는 재미있고 유쾌하게 풀어냈다.

저자가 이 실업극복지원센터에 취직한 이야기부터 재미있다. 늘 '시민사회' 활동에 참여하고 싶었던 최문정 씨는 실업극복지원센터라는 단체에 입사 지원서를 냈다. '실업, 빈곤과 관련된 영상을 보고 느낀 점과 이에 대한 대안을 작성해서 제출'해야 했다. 밤을 꼬박 새워 낸 지원서로 1차 서류 심사에 합격(?)한 뒤, 근사한 양복을 입은 사람들 앞에서 떨리는 마음으로 면접을 봤다. 나중에 알고 보니 지원서는 허세였고, 면접하던 분들은 어쩌다 사무실을 들르는 운영위원들이었다. 게다가 그 당시 실업센터의 정기 후원회원이 열 명 안팎이었고, 면접 당시 30대 1의 경쟁률은 뻥이고 3대 1이었다. 웃음이 터진다. 하지만 최문정 씨는 그 '취업 사기'를 영혼의 축복으로 기억한다고 했다.

책 제목이면서 글 제목인 '짬짜미 공모 사바사바' 글도 웃음보가 터진다. 부산 버스 기사인 반빈(가명) 씨가, 버스 회사 사장을 비판하면서 버스노동자의 권리를 요구하는 '빵꾸똥꾸 사장니마'라는 글을 썼는데 그 글을 최문정 씨가 부산글쓰기모임 카페에 올렸다. 그 버스 회사 사장은 반빈 씨를 명예훼손으로 고소했다. 경찰서에서 조서를 쓸 때 경찰이 반빈 씨에게 그런 글을 쓴 계기가 대체 뭐냐고 물었다. 반빈 씨는 "사장이랑 저거들이 짬짜미 해가꼬 이래 열심히 일하는 노동자들 괴롭히기만 하니까 너무 답답해서 썼다"고 했다. 경찰이 그래도 명색이 조서인데 '짬짜미'라는 말을 쓰긴 좀 그렇고, 그렇다고 '공모'도 아니고, 고민을 하다가 최문정 씨에게 물었다. 적당한 말이 나올 줄 알고 기대에 찬 경찰관과 반빈 씨에게 최문정 씨가 내 놓은 말은 "음… 사바사바?"였다. 순간 분위기가 싸해졌고, 경찰관은 "좀 쉬었다 하입시다"고 했단다. 그 광경이 훤히 떠올라 푸하하 웃음이 터진다. 그런데 버스 기사 가명이 왜 반빈 씨일까. 본래는 '원빈'이라고 해 달라고 했는데 "어디 감히 원빈을?" 해서 반(半)빈이라고 했단다. 저자가 순박하고 솔직하면서도 유머가 있어서 그런지 글도 재미있다.

본래 이 책에 실려 있는 글들은 최문정 씨가 〈작은책〉에 2년 동안 연재했던 글이다. 평범한 서민들의 애환을 담고 이 시대를 보여주는 월간 〈작은책〉. 그 책에서 최문정 씨 글을 드문드문 읽었던 사람들도 다시 보면 또 다른 서민들의 삶을 깨닫고 나를 돌아볼 수 있는 책이다.

책꽂이에 묵혀두면 폭발할 책

유쾌, 상쾌, 통쾌
『불온한 교사 양성 과정』

제목이 심상찮다. '불온한 교사 양성 과정'이라니. 반듯하고 말 잘 듣고 순종하는 아이들을 길러내는 교사가 아니라 불온한 교사를 양성한다니 도대체 요즘 이 시대가 어떤 시대이기에 그런 교사를 양성해야 한다는 말인가.

이 책의 저자 중 한 분인 진웅용 교사는 유치원 때 자신을 칭찬했던 좋은 선생님이 1979년 10월 26일 다카기 마사오가 죽은 날 슬퍼서 울더란다. 다카기 마사오는 다 아시는 바와 같이 독재자 박정희의 일본 이름이다. 군사 쿠데타를 일으켜 정권을 잡고 인혁당 사건을 조작해 여덟 명을 사법 살해했고, 국민교육헌장으로 대표되는 반공 교육으로 온 국민을 공포에 떨게 했던 독재자였다. 그자가 죽었는데 '착한' 선생이 울 정도로 세뇌당했던 그런 나라에서 우리는 살아왔다.

그런 세뇌 교육은 지금 없어졌다. 하지만 자기도 모르게 자본주의의 천박한 사상을 세뇌받는 세상이 됐다. 학교에서 인성을 키우기는커녕 경쟁만을 강조해 점수를 따야 하고 IN서울 대학을 가야 하고, 대학을 졸업하면 대기업에 취직하는 게 미덕인 세상이 됐다. 오죽하면 아이들 태반이 장래 희망이 공무원이라고 하지 않는가. 그러자면 외우기를 잘해야 하고 점수만을 강요하는 교사 말을 잘 들어야 한다.

진웅용 교사는 그런 교육을 말장난으로 비꼰다. 우리 교육은 사람을 사회에 '적응'시키는 건데 '좋게 말해서 적응', '솔직히 말하면 순응, 순종, 굴종시키는' 교육이란다. 대학 수학능력시험의 준말인 '수능'은 '순응'과 발음이 같단다. 무릎을 탁 치게 만드는 말장난이다.

『불온한 교사 양성 과정』(홍세화 외, 교육공동체벗, 2012). 사뭇 도발적인 제목으로 나온 이 책은 '교육공동체 벗'에서 강연한 내용을 묶은 책이다. 강사는 홍세화, 진웅용, 조영선, 정용주, 이형빈, 이상대, 이계삼, 안정선, 박복선 선생 등 아홉 분이다. 현재 교사도 있고, 교사는 아니지만 우리 시대에서 본받을 만한 길잡이 역할을 하시는 분들이다.

이 책은, 정말 읽기 쉽고 재미있게 만들었다. '불온한 교사 양성 과정 사용 설명서'도 있는데 '기초편', '실전편', '심화편'이 있다. 기초편은 교사가 불온해야 하는 근거를 찾는 장이고, 실전편은 불온의 원리를 이해하고 있지만 무엇을 어떻게 해야 할지 모르는 이들을 위한 장이다. 하루에 하나씩 실천하다 보면 어떤 날은 반드시 샌들을 끌고 학교에 가게 된다고 한다. 무슨 뜻인지 짐작이 가시는지. 심화편엔 또 어떤 이야기가 있을까. 내가 교사였다면 정말 이대로 따라 하고 싶을 정도로 통쾌한 책이다.

꼭 교사가 아니라도 우리 사회를 들여다볼 수 있기에 이 책을 읽어야 한다. 보관상 주의! 책꽂이에 묵혀만 두면 폭발할 수 있는 책이란다. 오랜만에 재미있는 책을 읽었다.

2장

노동의 가치, 노동자의 눈

"불의를 저질렀는데 침묵하는 것은 동조"

기자라면 이들처럼

『기자는 무엇으로 사는가』

『기자는 무엇으로 사는가』(한국기자협회 엮음, 포데로사, 2016)라는 책이 나왔다. 〈기자협회보〉 기자들이 2016년 1월부터 6개월간 〈기자협회보〉에 연재한 기사를 엮고 다듬어 출간한 책이다. 부제가 '수습에서 고참까지 기자들의 희로애락과 기자 정신'이다. 제목에서 말해주듯 책에는 기자들의 내밀한 고충부터 자긍심까지 숨김없이 드러나 있다.

수습기자의 경험담은 많이 들어본 이야기다. '사스 마와리(경찰서 등을 순회하면서 사건 사고를 취재하는 일. 찰회의 일본어식 표현)'는 수습기자들이 대부분 거쳐야 한다. 무뚝뚝한 형사들은 수습기자가 들어와도 자기들 할 일만 할 뿐 누구 하나 살갑게 대해주지 않는다. 담당 형사들에게 취재거리를 물어도 "말해줄 사건이 없다"고 퉁명스런 대답을 듣기 일쑤다. 수습기자들은 언론사에 3시간마다 보고를 해야 한다. 평균 수면 시간이 2~3시간 정도다. '마와리'를 하면서 한 달 동안 택시비도 200~300만 원을 써야 한다. 기자가 되려면 마음 단단히 먹어야 할 것 같다.

그렇게 수습기자 딱지를 떼고 나면 3년차부터 또 다른 고민이 생긴다. 출입처에서는 자신의 이름을 굳혀야 하고, 회사에서는 승진을 고려해야 하는 '어깨가 무거워지는 때'이다. 그래서 끊임없이 되묻게 된다. '3년 차 슬럼프, 기자의 길이 맞는 것일까', '여기서 살아남을 수 있을까', '어떤 기자로 남아야 하나'.

그렇게 경력 기자가 돼 데스크 자리에 오르면 취재를 지시하거나 뉴스 원고를 받아 기사를 작성해야 한다. 이들은 하루 대부분을 책상에 앉아 기사와 씨름을 하며 보낸다. 뉴스의 방향을 설정하고, 현장 기자를 지휘하고, 그 결과물을 가공하는 데 수많은 판단을 해야 한다. 이들은 그런 고민뿐만 아니라 회사의 생존을 위해 광고 협찬을 받고 스폰서를 유치하기 위해 신경을 써야 한다. 관리급 이상 간부는 '회사 매출에도 신경을 써야 한다'는 게 불문율처럼 여겨진다고 하니 그이들의 고충이 얼마나 심한지 알 수 있다.

그래도 기자가 되고 싶은 사람들이 많은 건 무슨 이유일까. 권소영 대구CBS 기자는 2014년 당시 기자가 된 지 갓 한 달 만에 특종을 터뜨렸다. 교장이 여교사를 성추행한 사건이었다. 교장은 곧바로 해임됐다. 권 기자의 보도가 나가지 않았다면 사건은 아무 일 없었다는 듯 덮였을지도 모르고 어쩌면 제2의 피해자가 나타났을지도 모른다. 권 기자 글 한 편이 파장을 일으켜 세상을 변화시킨 셈이다. 권 기자는 말한다. "펜으로 사람을 죽일 수 있다는 걸 실감했다.", "진행 과정을 계속 지켜보고 감시 역할을 하면서 내 스스로도 성장하는 계기가 된 것 같다." 이것이 기자들이 고된 현장 속에서 펜을 들고 뛰는 이유다.

유능하고 올바른 기자들은 다 쫓겨나고 있다. MBC PD였던 최승호는 이유도 없이 동료 여덟 명과 함께 해고됐다. 하지만 뉴스타파를 만들어 여전히 진실을 좇는 방송을 하고, 〈자백〉이라는 영화를 만들어 간첩을 조작하는 국정원의 실체를 밝히고 있다. 이상호 기자도 부당하게 해고됐다. 대법원 판결을 받고 2년 6개월 만에 복직했지만 MBC가 다시 작년 5월 정직 6개월의 징계를 내렸다. 『기자는 무엇으로 사는가』에서 김성후·최승영 기자와 인터뷰한 작가 조정래는 그 소식을 듣고 이렇게 말했다.

"동료들이 그걸 바라보면서 뭘 생각하죠? 왜 가만히 있어요? … 침묵은 비겁이에요. 불의를 저질렀는데 침묵하는 것은 동조라고요."

유능하고 올바른 기자들 쫓아내는 건 YTN도 마찬가지다. 이명박 정권 때 YTN 기자 6명이 해고됐는데 그중 3명은 8년이 넘도록 복귀하지 못하고 있다. '돌발영상' 같은 촌철살인의 프로그램을 진행하는 노종면 앵커를 쫓아낸 YTN은 지금 정권의 나팔수가 돼 시청자들에게 외면당하고 있다.

다행히 2016년 5월 9일 '해직자 복직' 공약을 내건 박진수 기자가 노조 지부장에 당선됐다. 이들은 작년 10월 7일 난지캠핑장에서 'YTN 해직 8년' 행사를 열었다. 후배 기자들은 "선배님들 부끄럽지 않게 좋은 기사로 보답하겠다. 우리의 투쟁이 승리로 끝나게 응원하겠다"고 말했다. 아직 희망이 남아 있다.

"이 세상은 당신들이 움직인다"

우리 사회 주역들 이야기
『길에서 만난 사람들』

하종강 소장이 결국 쓰러졌다. 그 소식을 들은 지 이틀째 되는 날인가? 이 책 『길에서 만난 사람들』(하종강, 후마니타스, 2007)이 나온 걸 알았다. 혹시 이 책 나온다고 검토하다가 무리한 거 아닐까? 후마니타스 편집부가 열정이 넘쳐서 그럴 수도 있어.

2006년에 나온 책 『그래도 희망은 노동운동』도 나올 책이 아니었다. 본래 하종강 소장이 책을 낼 생각이 전혀 없었기 때문이다. 그런데 어느 날 하종강 소장이 강연을 하고 나오는데 후마니타스 편집부 직원들 대여섯이 하 소장을 기다리고 있더란다. 그리고 제본을 해놓은 책을 보여주면서 책을 내게 해달라고 부탁했단다. 그러니 마음 약한 하종강 소장이 거절할 수가 없었지. 그래서 『그래도 희망은 노동운동』이 나왔다. 혹시 이 책도 그렇게 만들어서 원고 검토를 해달라고 재촉한 게 아닐까. 책 서문을 봤다. 흠 역시.

"체력이 바닥까지 떨어져 가만히 누워 있기만 해도 힘겨운 상태에서 마지막 교정을 보고 서문을 썼다. 몸을 가까스로 추스르고 일어나 책상에 앉거나 이부자리에 엎드려서 교정을 보는 동안 시나브로 몸과 마음이 힘을 회복했다. 나보다 몇 배나 힘들게 세상과 맞서온 사람들의 이야기가 나를 다시 뒤돌아보게 하고, 떨쳐 일어나게 했다. 그렇게 이 책이 다른 사람들에게도 힘과 용기를 줄 수 있기를 바란다."

역시 그랬군. 앗, 그런데 하종강 소장을 괴롭힌(?) 건 후마니타스뿐만이 아니다. 하종강 소장 홈페이지 '노동과 꿈'에 들어가 보니까 연세의료원 이수진 부위원장도 그랬다. "저희 연세의료원 파업 사업장에 오셔서 열띤 강연을 해 주시고 입원하시게 되어 더욱 가슴이 아픕니다. 아침에 병원 가셔야 하는 시간에 저희한테 와 주셨고, 더욱 죄송합니다. 그리고 마음이 아픕니다. ㅜㅜㅜ"

사실 마지막에 그 두 가지 일을 더 했다고 쓰러졌겠는가. 하 소장이 쓰러진 건 하는 일이 너무 많았기 때문이다. 하 소장은, '자신을 필요로 하는 사람들이 있는데 어떻게 안 갈 수 있는가' 하는 마음으로 강연 요청이 오면 거절을 하지 못했다. 1년에 300번을 넘게 다니는 강연이 벌써 20년이 넘을 듯싶다. 하루에 두세 번, 그것도 부산에서 인천, 서울에서 나주, 대한민국을 삼각형으로 돌 때도 있었다. 게다가 인터넷 방송 하지, 〈작은책〉, 〈한겨레〉에 글도 써야지, 하여튼 일이 너무나 많았다.

좀 뺑튀기해서, 대한민국에서 일하는 사람치고 '하종강 강의'를 들어보지 않은 사람은 아마 없을 거다. 어떤 이들은 네댓 번까지 들은 사람도 있고, 어떤 이는 하종강 운전기사가 되어 강의하는 데 따라 다니고 싶다는 사람도 있다. 그만큼 하종강 소장은 일하는 사람들에게 없어선 안 될 사람이다. 그런데 하 소장은 이 『길에서 만난 사람들』에 나오는 사람들이야 말로 없어선 안 될 사람이라고 한다. "이 세상은 당신들이 움직인다" 하면서.

이 책은 본래 〈한겨레21〉에 '하종강의 휴먼 포엠'이라는 꼭지로 연재한 글을 모은 것이다. 나는 그때 한겨레에서 연재하는 글을 꼼꼼히 다 봤다. 하지만 이렇게 책으로 다시 엮여 나오면 느낌이 새롭다. 무엇보다 사람들 이야기라서 재미있다. 그리고 이 책에 나오는 사람들 이야기가 정말 하나같이 특이하고 배울 점이 많다. 읽으면서 '이 사람처럼 살아야지' 하는 마음이 들기도 한다.

책을 처음 받아 들었는데 아, 표지가 감촉도 참 좋고 그림도 정말 재미있다. 꼬물꼬물하게 움직이는 사람들을 개미들처럼 조그맣게 그려놓았다. 앞에서 뒤표지로 길이 이어져 있다. 그 길에 명동성당이 보이고 철도 민주노조 건설을 외치면서 철탑농성 하는 게 보이고, 전경들이 개미 알처럼 모여 있는 것도 보인다. 하 소장이 전국을 다녔던 그 길을 따라 간 듯이 기차도 보이고, 다리를 건너 터널을 지나고 산길을 따라 구석구석을 그린 그림이 참 재미있다.

이 책에서 하종강 소장이 만나는 사람들을 정하는 기준이 있었다. "가족이 아닌 다른 사람의 행복을 위해 자신의 손해를 감수해본 경험이 있는 사람, 우리 사회의 모순된 억압 구조를 더욱 공고히 하는 데 기여하지 않는 사람, 운동권 내에서조차 중심에 우뚝 서 있지 않은 사람, 투쟁 대열의 끄트머리쯤에 겨우 참여했다가 전투경찰에 쫓겨 골목에 숨어 두려워 떨었던 사람, 아무도 인정해주지 않고 화려한 조명을 받을 일도 없지만 진정한 우리 사회의 주역인 사람…" 아, 그런데 이 기준에 안 맞는

사람이 딱 하나 있다. 누굴까. 궁금하신 분들은 책을 사서 찾아
보기 바란다.

그리고 세상을 살아가는 데 힘들다고 생각하시는 분들, 이 책
을 꼭 보시라. 힘이 부쩍 솟을 것이다. 덧붙여 하종강 소장이 얼
른 몸을 추슬러서 다시 건강한 모습으로 나오셨으면 좋겠다.

이제 우리 동지라 부르지 말자

ᕙ

골리앗의 전사 이갑용
『길은 복잡하지 않다』

서울 시내버스 ○○운수에서 노조 지부장 선거에 출마했던 한 조합원이 자살을 했다. 까닭은 이렇다. 지부장 선거 몇 번 출마하면서 선거 비용을 너무 많이 썼는데 그 돈을 갚을 길이 막막했던 것이다. 서울 시내버스 회사 노조 지부장 선거에 당선이 되면 운전 일도 안 하고, 월급도 많고, 권력(?)도 얻을 수 있다는 생각에 있는 돈, 없는 돈 끌어 써 노름판 판돈에 투기하듯 내지른 결과다. 그만큼 한국노총은 상급단체나 그 밑에 있는 단위노조나 썩을 대로 썩었다. 그 버스 기사가 죽은 건 안타깝지만 철학이 없이 살아왔던 그이의 삶은 우리 시대 노동자들의 삶을 비추는 거울 같은 느낌이 들어 씁쓸하기만 하다. 2009년 10월에 일어났던 일이다.

민주노총 위원장과 울산동구청장을 지냈던 이갑용 위원장이 『길은 복잡하지 않다』(이갑용, 철수와영희, 2009)라는 책을 냈다. 한국노총 같지는 않지만 민주노총 조합원 중에도 자본가들에게 넘어가 회사에 빌붙고, 뉴라이트 같은 단체로 들어가고, 동료들을 배신하는 노동자들이 있다. 이 책에는 그런 이야기가 실명으로 거침없이 나온다.

그래서 그런지 이 책이 나오자마자 수구 언론들 입이 째졌다. 이 땅의 수구 언론들은 노동자들하고 '웬수'가 졌는지 노동조합, 거기다 민주노총 이야기만 나오면 눈에 불을 켜고 씹는다. 그런데 민주노총 위원장을 지낸 이가 민주노총을 비판하니 이게 웬 떡인가 했나 보다. 연합뉴스에 나온 제목이 "이갑용 前 민노총위원장 민노총에 쓴소리"인데 얼마나 신났는지 조중동에서 열심히 퍼 나르고 있다. 조선일보 군사담당 유용원 기자는 '민주노총 이보다 더 썩을 수는 없다' '비리로 얼룩진 내부 고발'이라는 제목으로 "노동운동의 순수성을 잃어 가고, 그래서 결국 국민과 노동자들이 등 돌리는 현실에서 이 씨의 충고가 얼마나 민주노총에 크게 들릴지는 누구도 모를 일이다." 하고 점잖 빼면서 우리를 가르치려 한다.

노동자들이 자기도 모르게 동료들을 배신하고 심지어는 뉴라이트까지 들어가 자본에 넘어가는 가장 큰 원인은 자본가들의 이간질과 이념 공세 때문이 아닌가. 노동자들이 참다 참다 파업이라도 할라치면 자본가들 공세가 얼마나 심한가. 수구언론은 '경제가 어려운데 웬 파업', '길이 막혀 시민들한테 피해를 주면서 웬 집회' 하면서 깐죽거리고 심지어는 빨갱이 타령까지 하지 않던가. 이런 사례가 어디 한둘인가. 심지어 나 같은 별 볼일 없는 사람도 90년대 근로기준법 책을 갖고 다니니 회사가 나보고 빨갱이라고 했다. 『길은 복잡하지 않다』를 보면 1987년 이갑용 위원장이 농성을 할 때 회사는 이갑용 아버님에게 사람을 보내 "아들이 감옥 갈지 모른다, 빨갱이 물이 들기 전에 빨리 데려가라"고 했다. 이러니 일반 조합원들이 이런 소리를 들으면 안 넘어갈 사람이 몇이나 될까.

그렇게 빨갱이로 몰지만 안 넘어가는 이도 있다. 이갑용 아버님은, 무자비하게 폭력을 휘두르는 경찰들에게 오히려 항의를 하고 "내 눈으로 실상을 보니 나쁜 짓을 한 것도 아니고 남을 위해 싸우는 의로운 일이니 막을 수 없다"고 하면서 집으로 돌아가 버렸다. 그 뒤 아버님은 이갑용 위원장의 든든한 후원자가 됐다고 한다. 아, 이 땅의 모든 아버지, 모든 어른들이 이러면 얼마나 좋을까. 나는 이 대목에서 목이 울컥했다. 이런 아버지가 있었기 때문에 이갑용 같은 훌륭한 전사가 나오는 거구나.

이갑용이 노동운동의 내부 문제를 솔직히 까발린 건 그렇게 만든 자본가들의 행태를 똑바로 바라보라는 뜻이다. 민주노총이 망하기를 바라는 게 아니라 민주노총을 지키기 위한 것이 목적인데 민주노총에 쓴소리했다고 입이 헤벌어진 수구 언론을 보면 민망하기까지 하다.

사회주의자인 조지 오웰도 『위건부두로 가는 길』에서 사회주의를 비판했다. 조지 오웰은 "역설적이긴 하지만, 사회주의를 방어하기 위해서는 먼저 사회주의를 공격해 보는 게 필요하다"고 했다. 그 책을 보면 이런 이야기가 나온다.

"심지어 '동지'라는 말 한마디만 해도 사회주의 운동을 불신하는 데 적지만 한몫을 했다. 머뭇거리던 사람들 중 용기를 내어 대중 집회에 갔다가 자의식 강한 사회주의자들이 의무적으로 서로를 '동지'라 부르는 것을 보고 실망하고는 슬그머니 빠져나와 제일 가까운 맥주집으로 들어가 버리는 경우가 얼마나 많았는가! 그의 본능은 건전하다. 오랫동안 써 봐도 부끄러움을 삼키지 않고서는 부를 수 없는 우스꽝스러운 호칭을 왜 붙여야만 한단 말인가?"

그렇다. 요즘 노동자들이 늘 쓰는 이 '동지'라는 말이 나한테도 무척 낯설고 어색했다. 『위건부두로 가는 길』은 1936년에 한 진보단체로부터 잉글랜드 북부 노동자들의 실상을 취재하여 글을 써달라는 제의를 받고 조지 오웰이 위건, 요크셔 지방 일대의 탄광 지대에서 노동자들을 취재해서 쓴 책이다. 사회주의 사상과 노동운동이 우리나라보다 훨씬 앞섰던 서구 지역에서도 이 '동지'라는 말을 쓰지 말자고 했는데 사회주의는커녕 자본주의 사상과 반공사상이 뿌리박힌 우리 사회에서 이런 어색한 말을 쓰고 있다니, 다수가 평범한 시민이라고 생각하는 사람들이 어디 운동권에 얼씬댈 수 있는가. 이래서 우리 사회는 안 바뀌는지도 모른다. 어찌 됐든 이갑용이 민주노총을 비판한 것도 이와 비슷한 맥락이라는 걸 수구 언론은 모른다는 말인가. 하긴 수구 세력들이 그걸 알면 수구인가.
『길은 복잡하지 않다』는 이갑용이 살아온 이야기이면서, 1987년 이후 노동운동의 역사를 보여준다. 이갑용이 1981년 군대를 다녀온 뒤에 원양어선을 타는 이야기부터, 현대중공업에서 노동조합 대의원을 거쳐, 교섭위원, 운영위원, 사무국장, 비상대책위원장을 거쳐 민주노총 위원장까지 노동조합의 공식 직책을 차례차례 밟으며 노동운동가로 단련되는 과정은 한편의 영화를 보는 듯하다. 노동운동을 할 때 감옥 생활하느라 아버님 환갑, 부모님 장례식, 그리고 두 동생의 결혼식에 참석을 못 한 회한을 말할 때는 내 눈시울이 붉어졌다.

이 책은 또한 노동운동이 앞으로 나아갈 길을 알려주는 지침서다. 자본가들과 협상하는 방법도 나와 있다. 이를테면 교섭단 안에 반드시 책상을 뒤집어 엎는 '무대뽀' 역할도 있어야 한다고 주장한다. 자본가들을 머리나 논리로 이기려고 하면 안 된다는 식이다. 또 교섭할 때는 노동자들의 옷을 입고 머리띠를 꼭 해야 한다고 말한다. 조합원이 위임한 대표임을 상기시키라는 것이다. 이갑용은 대통령을 만나러 갈 때도 잠바를 입고 갔다. 전 국민이 보는 방송에 민주노총 로고가 한 번이라도 더 나오게 하는 게 얼마나 큰 홍보 효과냐는 것이다. 그렇지. 자본가들은 뉴스나 드라마 같은 데 자기 상품 로고 한 번 보이려고 애쓰는 걸 보면 절로 고개를 끄덕이게 한다.

이갑용은 민주노총 위원장과 울산동구청장 임기를 다 채우지 못하고 끝냈다. 불의에 타협하지 않는 그이의 성격 때문이었다. 구청장 시절 "자치단체장인 나에게는 '공무원을 징계하지 않을 권리'가 있다"며 "노무현 정부여, 나를 고발하라!"고 주장하는 대목은 속을 후련하게 만든다. 〈조선일보〉 기자가 은근히 〈조선일보〉라는 걸 과시하며 이갑용의 인생을 잘 써주겠다고 인터뷰를 요청하는데 단칼에 거절하는 장면도 후련하다. 〈조선일보〉가 나한테도 그런 요청을 하면 나도 그렇게 단칼에 거절할 텐데 그럴 일은 없겠지.

우리 시대를 변화시킨 골리앗투쟁의 전사 이갑용! '골리앗의 외로운 늑대'. 별명답지 않게 이갑용은 겸손하고 소탈하다. 여느 노동조합의 간부들이 가끔 보여주는 권위 의식이 없다. 이갑용은 그때 왜 골리앗에 올랐을까. 골리앗은 천혜의 요새였다. 하지만 그땐 그런 걸 따져볼 겨를도 없었다. 그냥 땅에서는 도망갈 곳도 없고, 빠져나가지도 못하니 거기서 버틸 작정으로 꾸역꾸역 올랐던 것이라고 했다. 이갑용, 그리고 그이와 함께 싸워왔던 노동자들은 정말로 평범한 사람들이다. 감옥행을 각오하고 목숨까지 걸면서 싸웠지만 특별한 사람들이 아니라 바로 우리 이웃들이다.

어느 단체에 소속되지 않은, '동지'들이 아닌 평범한 우리 서민들 모두, 이 책을 읽어보고, "지금 알았던 걸 그때 내가 알았더라면" 하고 후회하지 않아야 한다. 그리고 앞으로 우리 이제 동지라 부르지 말자. 아, 또 이 말 했다고 수구 언론들 "진보 세력 갈갈이 분열!" 이런 제목으로 뉴스 나올지도 모르겠다. 에헤이, 이갑용이나 되니까 언론에서 다뤄주지 누가 나 같은 놈이 쓴 글 가지고 이러쿵저러쿵 다뤄주나. 그래서 나는 글을 편하게 쓴다. 띄워주는 사람도 없고, 명예훼손으로 소송 거는 놈도 없을 테니까.

미국사회 불평등의 깊은 골,
추악함 고발

바버라 에런라이크
『노동의 배신』

  서점에서 날개 돋친 듯 팔리는 자기 계발서가 마뜩잖았다. 재벌들이 지배하는 우리 사회에서 '긍정의 법칙'이니 '생각하는 대로 이루어진다'고 하는 게 가당키나 한 일인가. 바버라 에런라이크는 자기 계발서를 신랄하게 비판하는 『긍정의 배신』이라는 책을 낸 적이 있다. '긍정적 사고'는 '어떻게 우리의 발등을 찍는가'. 서민들에게 도움이 되기는커녕 얼마나 많은 폐해를 끼치는지 고발하는 책이다. 긍정주의는 개인을 넘어서 전 세계에 닥친 위기의 징후에 눈감게 만들어 재앙에 대비하는 힘을 약화시키고 나아가 실패의 책임을 개인의 긍정성 부족으로 돌림으로써 시장경제의 잔인함을 변호한다고 설명한다.

  이 저자가 『노동의 배신』(바버라 에런라이크, 부키, 2012)이라는 책을 또 냈다. 금융자본가 '1%를 위한, 1%에 의한, 1%의 세상'을 보여주고 있다. 미국 사회의 '불평등의 깊은 골'을 까발리고 추악한 현실을 고발한다. 노동자들은 기본적인 시민권조차 억압받는다.

저자는 이 책을 쓰기 전 식당 체인점과 대형 할인점에서 일할 때 직접 경험을 녹여냈다. "표현의 자유? 꿈도 꾸지 말라. 일부 사용자들은 노동자가 동료들과 어떤 식이든 이야기를 나누는 것 자체를 금한다."

게다가 자본가들은 "툭하면 구조조정 하면서 노동자들이 게을러서 실업자 된다"고 헛소리를 지껄인다.

모두 미국 사회 이야기지만 우리 한국 사회 모습을 비춰주고 있다. 기륭전자에서는 옆 사람과 눈을 마주쳐도 관리자들에게 매서운 눈초리를 받았다. 쌍용자동차, 콜트콜텍, 재능교사 노동자들은 회사의 구조조정이나, 임금 삭감에 반발했다고 회사에서 내쫓겨나 몇 년째 거리에서 농성을 하고 있다.

2011년 7월부터 미국 뉴욕에서 시위가 이어지고 있다. 탐욕에 찌든 자본주의에 불만을 표출하는 노동자들이 자본주의의 본산이며 신자유주의의 심장부를 겨냥하고 있다. 이 사회를 승자와 패자로 나누고, 불평등과 소득 양극화를 촉진시키는 신자유주의는 위기에 직면했다. 우리가 당장 할 수 있는 일은? 핍박받는 노동자들과 연대하고, 친 재벌 정책을 펴는 기득권 세력을 심판하는 일이다.

노동자의 역사 기억,
노동해방 미래 출발점

노동자의 눈으로 세상을 보자!
『노동자 역사 이야기』

〈작은책〉 편집위원이면서 '노동자교육센터' 부대표와 '역사학
연구소' 연구원으로 계신 박준성 선생이 책을 냈다. '박준성'의
『노동자 역사 이야기』(박준성, 이후, 2006). 저자는 그동안 다른 이
들과 같이 『1862년 농민항쟁』, 『왜 80이 20에게 지배당하는가』
라는 책을 낸 적은 있지만 이렇게 혼자서 낸 적은 처음이다.

저자 박준성은, 자본가들이 본다면 백수다. 돈 버는 직업이 없
기 때문이다. 왜곡하기를 좋아하는 수구 신문들이 본다면 '순진
한 사람들 앞에서 매번 통박만 굴리고 이빨만 까는' 사람이다.
아무 직업도 없이 허름한 옷차림으로 커다란 등산 가방에 뭔가
잔뜩 담아 가지고 다니면서 노동자들을 모아 놓고 역사랍시고
'썰을 푼다'. 게다가 중간 중간에 노래를 한다. 우렁찬 목소리와
가늘게 떨리는 바이브레이션이 섞여 있는 목소리다.

즐거웠던 그날이 올 수 있다면
아련히 떠오르는 과거로 돌아가서

지금의 내 심정을 전해 보련만

아무리 뉘우쳐도 과거는 흘러갔다.

— 정두수 작사, 권오승 작곡

노래를 부르자마자 그 노래를 부른 까닭을 설명한다. "지금 알고 있는 걸 그때도 알았더라면, 하고 후회를 하고 뉘우쳐도 과거는 다시 돌이킬 수도, 없앨 수도, 바꿀 수도, 물릴 수도 없다"고 하면서 지나간 일을 후회하지 않기 위하여 과거의 기억인 역사가 필요하다고 썰을 풀기 시작한다. 누구든 선생의 강연에 빨려 들어가지 않을 수 없게 만든다. 졸다가 깜짝 놀라는 수가 있다.

박준성 선생의 강연을 들으면 사람들이 왜 역사를 배워야 하는가를 깨닫게 된다. 역사는 기억이다. 한 사람이 여태껏 살았던 것을 모두 잊어버리는 기억상실증에 걸리면 자기가 누군지도 모르고 어떻게 살아왔는지도 모르고, 그렇게 되면 당연히 자기가 무엇을 하면서 살아가야 하는지도 모른다. 역사도 마찬가지다. 자본주의 사회가 어떻게 생겨났는지도 모르고, 지금 우리나라가 어떻게 태어났는지도 모르고, 왜 90퍼센트나 되는 서민들이 10퍼센트밖에 되지 않는 부자들에게 지배를 당하고 있는지 모르고, 80년 광주항쟁이 왜 일어났는지도 모른다면 자신이 어떻게 살아가야 할지 모르는 것은 당연하다. 그저 외우기 공부에 파묻혀 좋은 대학에 들어가 판검사, 의사, 변호사 될 꿈만 꾸고, 하다 못해 삼성이나 엘지 같은 대기업에 들어가 편하게 살 생각만 하게 될 것이다. 결국 90퍼센트가 그런 헛된 꿈을 이루지 못하고 비정규직이 되어 부모 원망이나 또는 자신의 못난 탓으로 돌려 세상을 비관하면서 쓸쓸한 삶을 마감하게 될 것이다. 역사를 안다면 자신이 비정규직이 될 수밖에 없는 까닭을 알 수 있다. 그것은 자기가 못난 탓이 아니라 자본가들의 끊임없는 욕심 때문이라는 아주 간단한 이유 때문이다. 그런 까닭을 알면 세상을 비관하지 않고 현실에 항거하는 삶을 살 것이다. 고단한 삶이라고? 해보시라. 자신이 주체가 되는 삶이 얼마나 속이 시원한지 이해하게 될 것이다.

자본가들은 우리 노동자들에게 역사를 잘못 이해하도록 끊임없이 세뇌시켜왔고 노동자들의 생각을 지배해왔다. 박준성 선생은, 수많은 역사책이 "왕이나, 지도자나, 위인이나, 장군이나, 많이 가진 자들이 마치 똑똑하고 힘이 있어 역사를 움직여 온 것처럼" 나와 있지만, 그 뒷면을 볼 수 있어야 한다고 말한다.『노동의 역사』라는 책에서 나온 이야기를 빌려 "김대성이 불국사와 석굴암을 혼자 다 만들었을까", "세종대왕이 훈민정음을 만든 이유가 백성을 어여삐 여기는 '마음' 때문이었을까?", "이순신 장군 혼자 나무를 베어 거북선을 만들고 혼자만 나라 걱정하며 싸우다 죽었을까?" 하는 질문을 던지고 노동자들에게 올바른 의식을 불어 넣는다.

박준성 선생은 길거리에서도 자본주의가 알게 모르게 서민들을 세뇌시킨다는 것을 예리한 눈으로 관찰했다. 1990년 전반 서울 지하철 2호선 을지로입구역 옆 건물에 그려져 있었던 김홍도의 〈타작도〉에도 그런 불순한 의도가 있다고 역설한다. 〈타작도〉에는 농부 여섯 명이 열심히 일을 하고 있는 장면이 들어 있는데 그림 오른쪽 위에서 자리 깔고 누워 혼자 술잔 기울이다 깜빡 졸기도 하는 지주를 빼버렸다. 선생은, 지배자들이 그 그림을 그렇게 자른 게 모르고 한 게 아니라, 하루 종일 일하다가 파김치가 되어 집으로 돌아가는 서민들이 그 그림을 보고 "예나 지금이나 놀고 처먹는 놈들 따로 있고 뼈가 빠지게 일하는 사람들 따로 있고, 이런 놈의 세상을 뒤집어엎든지 갈아엎든지…" 할지도 모르니까 일부러 뺀 게 아니냐고 했다. 그리고 1990년 후반으로 가면서 "김홍도 타작도 대신 푸른 초원 위에 평화를 상징하는 비둘기가 날고, 뭉게구름이 두둥실 떠 있는 그림이 자리를 차지"한 것은 '모든 것은 네 마음에 있나니 세상이 평화롭지 않아도 네 마음으로 평화롭다고 생각하면 곧 세상이 평화로운 것'이라고 강요하는 거짓 평화의 선전 같다고 말한다. 이렇게 길거리에 널려 있는 사소한 그림이나 광고 하나도 자본가들이 서민들을 세뇌시키는 도구로 이용한다.

박준성 선생은 역사가 단순한 과거의 박제가 아니라 현재 진행형이라는 것을 자세하게 보여준다. 2006년 5월 1일 메이데이 때 열린 노동자 집회에서는 '노동 해방' 깃발이 사라진 것을 봤다. 그날 그 자리에 나타난 것은 '민주적 노사관계 쟁취'였다. 선생은 그렇게 변하고 있는 현실을 그대로 보고 노동자들에게 알려주고 깨우쳐준다. 과연 노동해방은 역사의 수면 아래 가라앉아 있을 것인가.

박준성이 늘 가슴에 품고 다니는 말이 있다. 천사불여일행千思不如一行이라는 말이다. 덕숭산에 있는 만공 스님의 '만공탑'에 쓰여 있는 말인데 천 번 생각하는 것보다 한 번 행동하는 것이 낫다는 뜻이다. 박준성 선생은 그 말을 실천하느라 때와 장소를 가리지 않고 '슬라이드로 보는 노동운동사'를 강의하고 다닌다.

"과거의 기억을 장악하는 자(세력)가 역사를 지배하고, 역사를 지배하는 자가 미래를 지배한다고 했다. 노동자가 노동자의 역사를 기억하는 일은 바로 노동 해방의 미래를 여는 출발점이다"라고 했다.

이 책 끝부분에는 '박준성의 항암 투병 일기와 아내 김명희의 간병 일기'가 실려 있다. 죽음의 문턱에서 돌아온 박준성이 쓴 '노동자의 역사'라고 할 수 있다.

우리 시대의 리얼리즘 담은 책 세 권,
체불한 사장 "배 째?"

『위건부두로 가는 길』
『도대체 누가 도둑놈이야』
『4천원 인생』

"야, 이 씨팔놈아. 니가 뭐야? 노동부에서 검찰로 넘어갔어. 이젠 마음대로 해."

올해 스물네 살 전정우라는 학생이 2년제 대학을 다니다 휴학하고 첫 직장을 들어갔는데 월급을 못 받고 나왔다. 내가 그 회사에 전화해서 왜 월급을 떼어먹느냐고 했더니 사장이란 작자가 나한테 욕을 한다.

정우는 내가 버스 운전할 때 타고 다니던 초등학교 1학년 손님이었다. 그 꼬마 친구가 벌써 14년이 지나 스물네 살 아가씨가 되어 다시 만나게 됐는데, 그 아이가 사회에서 처음 경험한 일이 무려 다섯 달 치 600만 원이라는 월급을 못 받고 나온 일이다. 물론 노동부에 진정을 냈다. 하지만 두 달이 지나서 검찰로 넘어갔다는데도 아무 소용없었다. 아는 변호사가 말했다.

"그거요? 기소돼 봤자 벌금 100만 원 나오면 끝인데요. 민사소송이 남아 있지만, 소송 걸 때 가압류부터 들어가야 되는데, 그런 놈이 벌써 재산 다 다른 데로 빼돌려 놓고 있겠지요."

정말 아무것도 없는 사람처럼 보였다. 자가용도 없다. 북가좌
동 한양아파트에 살고 있는데 조사해보니 다른 이름으로 등기가
되어 있었다. 그렇게 아무것도 없는 그 사람이 굴리는 회사는 지
금도 잘 돌아가고 있다. 상습적으로 임금을 안 줘도 되는 나라.
군사독재가 부자들 편만 들어주는 자본독재로 변해 노동자들의
목줄을 죄고 있다.

자본주의 세상에서 노동자들은 어떻게 살아왔을까. 노동자들
의 역사와 삶을 돌아볼 수 있는 책 세 권이 나왔다. 조지 오웰이
1936년 영국 탄광 노동자들의 밑바닥 삶을 취재한 『위건부두로
가는 길』(조지 오웰, 한겨레출판, 2010), 월간 작은책 출판사에서 2005
년부터 2009년까지 현장에서 노동자들이 직접 쓴 이야기를 묶어
낸 『도대체 누가 도둑놈이야』(작은책 편집부, 2010), 한겨레 기자 네
명이 2009년에 노동현장에서 일한 경험을 쓴 『4천원 인생』(안수
찬 외, 한겨레출판, 2010), 이렇게 세 권이다.

1936년 조지 오웰은 탄광 지하 350미터로 내려가 막장을 취
재한다. 조지 오웰은 탄광 지하로 내려간 뒤, 광부들이 일하는 막
장까지 허리를 숙이고 기어가 보고, 거기까지 가는 것조차 보통
사람에게는 하루치 일거리라고 혀를 내두른다. 게다가 필러(석
탄을 퍼 담는 일꾼)들을 보면서 그이들의 강인함에 '쓰린 질투심'을
느낀다. 그이들은 어마어마한 양의 석탄을 퍼 담을 뿐만 아니라,
다른 광부들보다 두세 배 힘든 자세로 작업하기 때문이다. 탄광
노동자들은 갱도가 낮아 무릎으로 기거나 꿇은 자세로 일을 한
다. 삽질을 할 때 다리를 못 쓰면 팔과 배 근육으로만 다 떠안아

야 하는데 철인이 아니고서는 할 수가 없는 일이다. 게다가 석탄 먼지가 목구멍과 콧구멍을 틀어막아 숨쉬기조차 힘들고, 비좁은 공간 안에서 기관총 소리 같은 컨베이어 소음이 끝없이 들려온다. 그런 곳에서 전혀 쉬지 못하고 일곱 시간 반을 일한다. 조지 오웰은 광부들이 일하는 모습을 지켜보기만 해도 자괴감을 느낄 만하다고 했다.

70년이 지난 2005년. 『도대체 누가 도둑놈이야』에는 실제로 지하 305미터까지 내려가서 일하는 광부가 직접 쓴 글이 있다. 70년 전에 영국 탄광에서 일했던 그 노동자들과 똑같이 시커먼 몸뚱어리로, 탄가루에 범벅이 된 채로 정해진 생산량을 채운다.

1936년 그때 영국 탄광 노동자들이나 2005년 한국 탄광 노동자들이나 일한 대가는 겨우 먹고살 정도였다. 그때 영국노동자들 임금은 115파운드 정도였다고 하는데 사실 그게 현재 우리 돈으로 얼마쯤 되는지 짐작할 수는 없다. 다만 조지 오웰이 그이들이 사는 환경을 표현하는 것을 보고 그 돈의 가치를 짐작할 뿐이다.

"아침으로는 얇은 베이컨 두 조각과 빛깔 흐린 계란 프라이 하나, 그리고 버터 바른 빵이 나온다.", "미로 같은 슬럼가가, 나이 들고 병든 사람들이 바퀴벌레처럼 빙글빙글 기어 다니는 컴컴한 부엌…."

1936년 영국 탄광 노동자들은, 적은 임금으로 이렇게 비참하게 살았다. 그나마 위안이 되는 건, 노동자라면 누구나 받는 임금이 똑같았다. 그런데 70년 뒤 한국은 차별을 받는 불안정(비정규직) 노동자 계급이 생겼다. 『도대체 누가 도둑놈이야』에 글을 쓴 한국 탄광 불안정 노동자는, 똑같이 일하는 정규직 노동자들보다 10분의 6 정도밖에 임금을 받지 못한다. 게다가 노동 기간 1년이 지나면 다시 재계약을 해야 한다. 바퀴벌레처럼 살던 1936년 영국 노동자들을 부러워해야 하나?

『4천원 인생』에서는 2010년 노동자들 실태가 나온다. 한겨레 임지선 기자는 갈빗집에서 일했는데 열세 시간씩 열흘 정도 일한 뒤, 입안이 헐고 발바닥에 굳은살이 박이고, 근육과 관절이 아팠다. 잠깐 휴대 전화 한 번 받으려다가 사장이 "너 지금 다른 사람 일하는데 혼자 노는 거야? 일할 생각이 있는 거야 뭐야? 일 안 할 거면 그만둬!" 하고 윽박질렀다. 임지선 기자는 마지막 근무하고 퇴근하는 순간 눈물이 나도록 기뻤다고 했다.

마트 노동을 했던 안수찬 기자는 사흘이 지나자 발가락에 물집이 잡히고 종아리에 근육이 생겼다. 견디기 힘들었던 것은 감옥에 갇힌 것과 진배없는 정신적·육체적 압박이었다. 전종휘 기자는 침대 받침 조립을 하다가 길이 25밀리미터 핀이 엄지손가락에 박히는 사고가 나기도 했다. 단순 조립 노동을 했던 임인택 기자는 컨베이어 벨트에 놓인 난로를 내려다보면서 오직 전기가 나가버렸으면 하고 바랄 정도로 힘들었다고 했다.

한겨레 기자들이 직접 체험한 이 수기는 불안정 노동자들의 실상을 알려주었다. 『88만원 세대』를 쓴 박권일이 말한 것처럼 "이것이 우리 시대의 리얼리즘"이라는 수식어에는 걸맞지 않지만 실제 일하는 사람들이 쓴 글보다 더 생생한 면도 있다.(리얼리즘의 진수는 『도대체 누가 도둑놈이야』에 나온, 현장 노동자가 쓴 글이다.)

이렇게 힘들게 일해도 월급이라도 또박또박 나오면 그나마 다행이다. 1975년, 내가 열 일고여덟 살 무렵, 시흥에 있던 기아자전거에서 일했던 적이 있다. 내가 그때 한 달밖에 버티지 못했던 까닭은 기숙사의 모기 때문이었다. 자욱한 안개 같은 모기떼들이 시도 때도 없이 공장 전체를 덮쳤다.(한겨레 안수찬 기자가 모기 두 마리 때문에 잠을 설쳤다는 대목에서는 사실 웃음이 나왔다.) 결국 나는 모기떼한테 지쳐 한 달도 못 채우고 나왔다. 그래도 그때는 내가 일했던 기간만큼 돈을 받을 수 있었다.

전종휘 기자가 체험한 현장에서 이주노동자가 이전 공장에서 수백만 원의 임금을 받지 못했다는 이에게 "지방노동위원회에 제소라도 해 봐" 하고 말한다. 아직 현실을 모르고 있다. 이 글 처음에 말한 내 꼬마 친구 정우처럼 우리나라 국적을 가진 노동자들도 임금을 못 받는 사례가 내 주위에 수두룩하다.

최저임금법 제 28조에 '최저임금 미지급 등에 대해 3년 이하 징역이나 2000만 원 이하 벌금에 처하고 이를 병과倂科할 수 있다'고 나와 있다. 하지만 노동청에 적발되더라도 '차액'만 지급하면 아무런 처벌을 받지 않는다. 그런데 최저임금이고 뭐고 아예 월급을 이렇게 주지 않는 회사도 있다. 이명박 정권이 등장하면서 이런 사례는 점점 늘어났다.

이런 자본독재 사회에서 노동자들이 살아날 길은 무엇일까. 조지 오웰은 정의와 자유를 내세운 사회주의, 『4천원 인생』에서 임지선 기자는 관심과 연대, 『도대체 누가 도둑놈이야』에서는 '일하는 사람들의 눈으로 세상을 보는 것'이, 가난한 노동자들이 행복하게 살아갈 수 있는 길이다. 임지선 기자가 식당 일 체험을 한 뒤, 다른 식당에 손님으로 들어갔을 때, 일하는 식당 아줌마를 더는 재촉하지 않았다는 것. 그렇다. 이렇게 일하는 사람들의 눈으로 세상을 보면, 일하는 사람들에게 관심을 가지게 되고, 이해하게 되고, 일하는 사람들끼리 뭉치게 된다. 그렇게 돼야 이 세상이 바뀌는 것이다.

콜트콜텍, 기륭전자, 동희오토에서 해고된 노동자들이 지금까지 싸우고 있는 사실을 알고 계시는지. 이런 이들에게 관심을 갖고 연대를 해야 한다는 말이다. 그리고 나아가 그보다 더 약한, 노조도 없는 사업장에서 월급 못 받는 정우 같은 아이들한테도 관심을 가진다면 이 세상은 좀 더 빨리 좋아질 거라고 믿는다.

생각난 김에 글을 쓰다 말고 그 사장 놈한테 전화를 또 한 번 돌렸다. "정우 월급 안 주고 버틸 수 있을 것 같아요?" 했더니 사장이 대꾸했다.

"마음대로 해요."

'법은 돈 많은 놈 편'이라는 걸 믿고 배 째라 한다.

"가망 있는 우리 일의 성공을 위하여!" 건배

"진정한 폭력자는 누구인가"
박노자의 『비굴의 시대』

한 사람이 하루에 벌금 100만 원. 열한 사람이니까 하루에 벌금이 천백만 원이란다. 스타케미칼이 227일차 굴뚝농성을 하고 있는 노동자들에게 방해금지 가처분신청을 냈다. 구미에 있는 스타케미칼 굴뚝 농성을 접고 그 밑에 있는 천막을 철거하지 않으면 노동자들한테 벌금이 하루에 천백만 원씩 나올 수 있다는 이야기다. 이렇게 요즘 권력은 물리적 폭력뿐만이 아니라 벌금으로 무지막지한 폭력을 가한다.

러시아에서 태어나 2001년 한국으로 귀화한 박노자가 『비굴의 시대』(박노자, 한겨레출판, 2014)라는 책을 펴냈다. 박노자는 책에서 '진정한 폭력자는 누구인가' 하고 묻는다. 국가가 울산 현대자동차 공장으로 간 희망버스를 폭력으로 매도하면서 사측이 고용한 용역에 맞선 희망버스 참가자의 행동만을 폭력으로 규정하는 상황이 폭력성의 극치라고 말한다.

자본은 진작 정규직이 되었어야 할 사람을 10년 넘게 불법적으로 비정규직으로 고용해왔고, 조합 활동을 탄압해왔고, 정규직으로 전환하라는 대법원의 판결까지도 무시했다. 이런 상황에서 노동자들은 절망에 빠져 항거하지만 오히려 폭력자로 규정된다. 이런 사회에서 을이 생존하는 것은 불가능하다고 단언한다.

이 책은 2009년부터 2014년까지 한겨레 블로그 '박노자 글방'에 연재했던 글을 주제별로 묶은 책이다. 비굴하고 잔혹한 요즘 시대에 '어떻게 살 것인가' 길을 찾는 이들에게 권하고 싶은 책이다.

박노자는 이명박 정권을 사기꾼형 정권, 박근혜 정권은 광신도형 정권이라고 규정한다. 이 광신도형 정권은 역사의 시계추를 김대중 정권 이전으로 돌려놓았다고 단언한다.

그 사례로 전교조를 법외 노조화시킨 것과 통진당의 해산을 든다. 그런데도 이런 폭거에 대한 저항 수준은 2008년 촛불항쟁에도 미치지 못한다. 왜 저항적 역사의 곡선은 갈수록 아래로 처질까? 정권은 오히려 악랄해지는데 우리는 왜 이렇게 얌전해진 것일까? 박노자는 묻는다.

박노자는 한국에서 진보주의자들이 승리를 기약할 수는 없지만 일단 투쟁한다는 사실 자체가 중요하다고 말한다. 사회화 과정에서 느낀 답답함과 억압감에 짓눌린 젊은이에게 이와 같은 투쟁에 합류하는 것은 이타적 자아실현과 희망을 위한 길이 될 수 있다는 것. 여기서 박노자는 온건 사회주의자가 되건 급진 아나키스트가 되건 '나는 혼자가 아니다'는 느낌이야말로 가장 중요하다고 강조한다.

"도저히 인간답게 살 수 있는 길이 보이지 않는다고 말하는 이들에게 대체로 위와 같은 조언을 하고 싶다. '믿지 말라, 무조건 따르지 말라, 그리고 동류를 찾으라.' 종합적으로 말하면 세 가지 충고로 압축된다. 그러나 개인마다 사정이 다르니 이를 천편일률적으로 다 적용하지 못할 수도 있다. 어쨌든 '대들고 싶은' 욕망이 꿈틀거리고 있다는 것 자체는 이미 성공의 반이다."

좀 더 나은 세상을 만들기 위해 노력하는 투쟁의 길

박노자는 책에서 '아득하지만 가야 할 좌파의 길'이 어떤 길인지 알려준다. '사회주의가 꿈꾸는 사회'는 어떤 사회인지, 좌파가 다수에게서 신뢰를 얻으려면 이 무정한 사회의 심장 역할을 해줘야 하는데 그것은 어떤 일인지 설명한다.

"가망 없는 우리 일의 성공을 위하여!" 1970년대 구소련 재야 인사들이 건배를 할 때 쓰던 유명한 말이다. 박노자의 말에 따르면, 구소련에서는 자유주의적 운동이든 좌파적인 운동이든, 결국 어떤 반체제 운동이 아직 소기의 목적을 달성하지 못했다. 하지만 그 시절 재야 세력이 현실 정치에 실패했다 하더라도 그들의 저항은 역사의 거름이 돼 좀 더 나은 세상을 만드는 데 일조했다.

박노자는 한국의 근현대사에서도 그런 일을 찾아볼 수 있다고 하면서 박헌영, 이현상, 이관술, 이재유, 김태준, 박치우 같은 공산주의자들을 사례로 든다. 그이들은 싸우다가 고통스럽게 죽었지만 그들의 노력은 전혀 헛되지 않았다.

지금 이 땅에는 장기 투쟁을 하고 있는 노동자들이 많다. 코오롱, 재능교육, 기룡전자, 스타케미칼, 콜트콜텍, 쌍용자동차 해고 노동자들이 길게는 10년씩 싸우고 있다. 칼바람이 부는 이 추운

날씨에 70미터 높이 굴뚝에 올라 농성하는 노동자들도 세 명이나 있다. '쌍용차 해고노동자 전원 복직'을 요구하며 4박 5일 동안 기다시피 가는 오체투지를 하는 노동자들도 50여 명이나 있다. 끊임없이 막는 경찰에 항의하며 온몸을 찬 땅에 대고 바닥에 엎드려 절한 채로 몇 시간씩 있다가 병원으로 실려 가는 노동자도 있었다. 박노자는 『비굴의 시대』에서 한국의 노동자들이 이렇게 세계사에서 전례 없는 긴 투쟁을 하고 있다고 말한다.

그런데 이렇게 상상을 초월하는 투쟁은, 소기의 목적을 달성 못하고 고통스럽게 죽어갔던 옛 의인들처럼 역사의 거름으로만 남을 뿐일까? 아니다. 이들은 현재 회사로 복직하는 소기의 목적을 달성해야 한다. 그것이 정의를 실현하는 일이고, 그래야 후손들에게 좋은 세상을 물려줄 수 있다. "가망 없는 우리 일의 성공을 위하여"가 아닌 "가망 있는 우리 일의 성공을 위하여."

'교수'와 '강사',
그 차별의 시작과 숨겨진 음모

무늬만 교수
『비정규 교수, 벼랑 끝 32년』

진중권 교수가 중앙대에서 잘렸다. 한겨레는 '진중권 교수, 중앙대 재임용 탈락'이라고 보도했고 경향신문은 '중앙대, 진중권 재임용 거부'라고 보도했다. 느낌은 조금 다른데 어쨌든 잘렸다는 거다.

진중권 교수는 중앙대 겸임교수였다. 중앙대 관계자 말로는 "겸임교수란, 본직을 갖고 교수직을 겸임한다는 의미"라고 하는데 나 같은 사람은 뭔 소리인 줄 잘 모르겠다. 다만 겸임교수는 방학 때도 기본 강의료가 나오는 걸로 안다. 반면에 시간강사라고 하는 비정규직 교수들은 말 그대로 강의할 때 받는 강사료 말고는 '얄짤' 없다. 그 강사료가 얼마인지 들으면 정말 어이가 없다.

사실 이런 거 안 지 얼마 안 된다. 이후출판사에서 나온 『비정규 교수, 벼랑 끝 32년』(김동애 외 31인, 이후, 2009)이라는 책을 읽기 전까지만 해도 나는 여태껏 대학에서 강의를 하면 모두 교수인 줄 알았다. 교수! 아, 물론 교수는 맞는데 교수 대우를 전혀 받지 못하는 교수들이 그렇게 많다는 걸 정말 몰랐다. 대학에서 강의하는 시간강사의 강의료가 3, 4만 원이라니 이게 무슨 교수라는 말인가. 고등학교 중퇴인 나도 가끔 글쓰기 강연을 하는데 적어도 시간당 10만 원이다. 지방으로 가면 차비 10만 원을 더 준다.

그런데 대학까지 20년, 외국 갔다 와서 석사, 박사 학위까지 길면 10년, 이렇게 오랫동안 공부하고, 또 연구를 해서 대학에서 강의를 하는 그 교수들이 시간당 3, 4만 원이라니 이게 말이나 되는 소리인가? 더 어이없는 건, 그런 시간강사들이 우리나라 대학 전체 7만 2419명이나 된단다. 이게 얼마나 많은 건지 감이 안 오실 거다. 우리나라 대학에서 정규직이라고 하는 전임교원이 5만 8819명밖에 되지 않는다는 사실을 알려드리면 놀라실라나? 그래도 별로 안 놀라신다고? 인재 경영이니 학문 연구니 하는 대학에서 '보따리장수'라고 일컫는 비정규직 강사가 정규직 격인 전임교원보다 많다는 사실에 놀라지 않는다면 그 사람은 분명 한나라당, 이명박 지지자다.(이렇게 말하면 놀라는 척이라도 하겠지.)

이 글을 읽는 독자님은 2009년 현재 국회 앞, 천막에서 시간강사 교원 지위를 회복해달라고 700일 넘게 농성하고 있는 김영곤 교수와 부인 김동애 교수를 혹시 아시는지? 이분들이 쓴 이야기도 책에 실려 있다. 책을 낸 그 당시는 500일 정도였는데 벌써 700일이 훌쩍 넘어버렸다.

이 책은 32명이 프레시안에 연재한 글을 모은 책이다. 비정규 교수뿐만 아니라 현직 교수, 학생, 문학 평론가, 변호사, 일반 네티즌까지 서로 다른 눈으로 시간강사를 이야기한 글이다. 모두들 비정규직 강사의 문제점을 정확하게 짚고 있다. 1부 대한민국 비정규 교수의 오늘 2부 우리는 소망한다, 비정규 교수의 교원 지위 회복을! 3부 비정규 교수 문제의 해법은? 4부 벼랑 끝 32년, 희망을 다시 쓰자, 이렇게 차례를 나누었다.

우리나라 노동자들이 독재정권과 열악한 노동 탄압에 맞서 목숨을 끊은 열사가 많다. 하지만 이 비정규직 강사가 자살하는 사건은 잘 알려지지 않았다. 지금까지 시간강사가 스스로 목숨을 끊은 사람이 몇이나 될까? 여덟 명이다. 지난해 한경선 박사도 미국 오스틴에서 삶을 마감했다. 한경선 선생은 2004년, 텍사스 주립대학에서 박사 학위를 받고 귀국해 시간강사와 강의 전담교수로 4년 동안 지냈지만 "처음 1년을 제외하고 나머지는 제정신을 갖고는 결코 살아갈 수 없었던 시간이었다"고 했다. 도대체 비정규직 강사를 학교에서 어떻게 대하기에….

이런 강사 제도가 시작된 건 언제부터일까? 「'교수'와 '강사', 그 차별의 시작과 숨겨진 음모」라는 글을 보면 나온다. 1977년 박정희 정권 때 교수와 강사의 차별이 시작됐다. 그 이유는 무엇일까? 박정희 독재정권이 최후의 발악을 하던 시기였는데 도대체 교수와 강사의 차별을 두어서 무엇을 얻으려고 했을까? 다른 나라의 강사 제도는 어떨까? 책 속에는 '일본 비정규 교수의 현실'도 들어 있고 '호주의 비정규 교수에 지급되는 추가 임금 제도'에 관한 내용도 있다.

우리네 부모님들 그저 자기 자식 하나 잘되기만 바라고 좋은 대학을 보내고 싶어 한다. 학생? 누구나 자기가 가는 대학이 좋은 대학이면 좋겠지. 대학들은 "최고의 교수진, 최고의 시설로 창의적인 인재로 키우겠다"고 하면서 학생들을 끌어들인다. 다 뻥이다. 잘라 말하건대 우리나라에 이런 대학은 한 군데도 없다. 지들이 스스로 고백(?)하기를, 시간강사에게 교원 지위를 주는 것에 대해 '절대 불가'라고 하면서 그 이유가 '시간강사는 검증되지 않은 사람들'이기 때문이라는 것이다. 웃기지 않는가? 최고의 교수진이라매? 아니 그 학교의 반이 넘는 교수들이 다 시간강사인데 최고의 교수진이란다. 아, 시간강사 빼고 전임교수만 최고의 교수진이야? 놀고 있다. 자기들이 이 말을 하면서 좀 낯 뜨겁지 않을까?

내가 알고 있는 훌륭한 분들이 있다. 하종강, 박준성, 정태인, 우석훈, 진중권 같은 분들이다. 이분들 다 교수라는 직함이 있다. 그런데 전임교수가 아니다. 연구교수, 외래교수, 겸임교수, 객원교수, 강의 전담교수, 뭐 이런 요상한 이름들이 붙어 있다. 이런 이름들이 모두 열여덟 가지라는데 한마디로 다 비정규직 교수다. 그런데 이런 분들은 내가 본 어떤 교수들보다 훌륭하고 실력 있고, 실천하는 지식인들이다. 하지만 정식 교수가 되지 못하고 있다. 왜? 불의를 보고 참지 못하고 입바른 소리를 하는 분들이다. 그저 권력에 고분고분해야 하는데 그게 안 되는 분들이다. 아, 그렇다고 지금 교수로 계신 분들 다 권력에 아부했다는 소리는 아니다. 강수돌, 한홍구 선생 같은 분들은 현직 교수이면서 얼마나 줏대가 있는 분들이던가. 하지만 사실 이분들도 이명박 시대에 대학을 졸업하고 박사학위를 땄더라면 교수 되기 어려웠을지도 모른다.

『비정규 교수, 벼랑 끝 32년』. 이 책은 비정규직 교수를 둘러싼 학교 문제뿐만 아니라 이 사회를 속속들이 들여다볼 수 있는 아주 훌륭한 교과서다. 박사 학위를 따서 교수가 되려는 사람들만 보는 책이 아니다. 오히려 그분들은 읽지 않는 게 정신 건강에 좋다. 왜? 힘 빠지니까. 재수 없으니까. 자식 잘되라고 대학 보내는 학부모, 대학을 가려고 애쓰는 학생들은 꼭 읽으셔야 한다. 그리고 세상을 알고 싶은 분들은 꼭 읽어야 한다. 골치 아픈 이야기는 보고 싶지 않다고? 이런 이야기들을 외면하고 이 시대에서 잘사는 방법은 없다!

"이럴 줄 알았으면,
민주노조 하지 말 걸 그랬습니다"

노동자들 등짝에 묻은 땀
『소금꽃 나무』

　　박근혜 게이트가 드러나 탄핵 국면이 한창이던 2017년 2월, 10년 전인 2007년에 나온 책『소금꽃 나무』(김진숙, 후마니타스, 2007)를 다시 꺼내 읽는다. 한국 최초의 여성 용접공, 한진중공업 해고자로 산 이가 쓴 책이다. 이런 책은 글쓴이의 처절한 삶이 녹아 있어 불편하고 가슴이 아파 읽기가 꺼려지는데 이 책은 다르다. 소설 보는 듯하고, 시를 읽는 듯하고 슬픈 드라마 한 편을 보는 듯한 재미(?)가 있다.

　　김진숙은 이 책 처음부터 한마디로 '웃픈' 이야기를 담담하게 서술한다. 1986년, 전두환 군부독재 정권 시절에 대공분실에 끌려간 김진숙의 주머니에서 사탕 한 알이 나왔다. 그걸 보고 형사들은 김진숙을 간첩으로 본다.

　　"어버이날 회사 여직원회에서 나눠 준 사탕 한 알을 아끼느라 안 먹고 넣고 다녔던 건데 아끼면 똥 된다더니 그 사탕도 나도 그렇게 됐다. '독극물 묻었는지 검사해 봐.' 이 한마디에 사탕 한 알의 운명은 졸지에 반공전시관이나 전쟁박물관 같은 데 보면 반드시 전시돼 있는 남파 간첩들의 필수품인 독극물 앰플의 품위로 격상돼 버렸고 그걸 소지한 나는 남파 간첩의 예우에 조금도 부족함이 없는 처우를 유감없이 당하게 됐다."

'남파 간첩의 예우'가 어떤지는 독자들은 짐작할 것이다. 그자들은 김진숙을 홀딱 벗기고 군복으로 갈아입힌다. 알몸으로 작업을 하면 기분은 좋은데 살점이 묻어나 나중에 거추장스러워진다는 게 이유였다. 그렇게 몽둥이로 매질을 한 뒤, 거꾸로 매달아 놓아 '눈으로 즙이 흘러내려도' 그자들이 원하는 알리바이가 나오지 않았다.

형사들은 다음 날 새벽, 눈을 가린 채 김진숙을 집에 데려간 뒤, 구둣발로 들어가 닥치는 대로 뒤집었지만 아무것도 나오지 않았다. 마침내 단 네 글자가 적힌 메모지 한 장이 발견됐다. '갈까 말까' 이 메모지를 보면서 형사들은 '북으로 갈까 말까 아니냐'고 '천상의 언어'로 묻는데 김진숙은 "몸이 너무 피곤해서 일요일 특근을 갈 건지 말 건지… 그거거든요." 하고 '지상의 언어'로 대답한다는 건 너무 아득했다고 회상한다. 형사들의 상상력이 놀랍고 어처구니가 없고 한숨이 나온다. 이게 대한민국이라는 국가다.

김진숙은 고등학교도 졸업하지 못하고 어릴 때부터 노동자로 살아왔지만 타고난 글쟁이다.(이렇게 말하면 김진숙이 싫어할 테지만 달리 표현할 말이 없다.) 그이는 소소한 생활 속에서 나온 이야기에서도 생각할 거리를 던져준다. 김주익 열사가 크레인에서 투신 항거했던 해, 명절에 인천에 있는 조카와 같이 고향으로 가는 길에 조카가 텔레비전에 나오는 뉴스에 대해 묻는다. "아~니, 저번에 내 친구가 테레비 보구 말해 주든데 민노총이 막 싸웠대매. 한쪽에선 뭘 하자 그러구 한쪽에서 하지 말자 그러구 신나두 뿌리구 그랬대매. 그게 모냐구." 김진숙은 사회적 교섭을 하는 중이라고 열심히 설명한다. 그런데 조카는 이렇게 묻는다. "대화가 돼? 대화루 해두 되는데. 근데 이모, 그 아저씬 왜 크레인까지 올라가서 죽었어?" 슬픈 글인데 웃음이 터진다.

김진숙은 추모사를 많이 썼다. 어느 사업장도 마찬가지였지만 유독 노동 탄압이 심했던 한진중공업에서만 열사가 세 명이나 나왔는데 김진숙은 그때마다 추모사를 써야 했다. 2003년, 129일 동안 크레인에 올라 항거하다 죽은 김주익 열사 추모사는 부산역 광장에 모인 수많은 노동자들을 울렸다. 다음은 추모사의 일부다.

"동지 여러분 죄송합니다. 이럴 줄 알았으면, 이렇게 될 줄 알았다면, 민주노조 하지 말 걸 그랬습니다. 교도소 짬밥보다 못한 냄새나는 꽁보리밥에 쥐똥이 섞여 나오던 도시락 그냥 물 말아서 먹고, 불똥 맞아 타들어 간 작업복, 테이프 덕지덕지 넝마처럼 기워 입고 체감온도 영하 수십도 한겨울에도 고양이 세수해 가며, 쥐새끼가 버글거리던 생활관에서 쥐새끼들처럼 뒹굴며 그냥 살 걸 그랬습니다. 변소에 버글거리던 구더기들처럼 그냥 그렇게 살 걸 그랬습니다. 한여름 감전 사고로 혈관이 다 터져 죽어도, 비 오는 날 족장에서 미끄러져 라면발 같은 뇌수가 산산이 흩어져 죽어도, 바다에 빠져 통통 불어 죽어도, 인명은 재천이라던데 그냥 못 본 척 못 들은 척 살 걸 그랬나 봅니다."

추모사의 마지막 부분을 읽을 때는 광장에 모인 중년이 넘는 사내들이 흐느끼며 눈물콧물 범벅이 된다.

"이 억장 무너지는 분노를, 피가 꺼꾸로 솟구치는 이 억울함을, 언젠가는 갚아 줘야 하지 않겠습니까? 언젠가는 고스란히 되돌려 줘야 하지 않겠습니까? 어버이날 요구르트 병에 카네이션을 꽂아 놓고 아빠를 기다린 용찬이. 아빠 얼굴을 그려 보며 일자리 구해 줄 테니 사랑하는 아빠 빨리 오라던 혜민이. 그 아이들이 살아갈 세상은, 동지 여러분! 좀 달라야 하지 않겠습니까?"

저자가 지옥 같은 현장 노동을 경험했기 때문에 더욱 절절한 추모사가 나올 수밖에 없었을 것이다. 한진중공업이 해고된 지 20년이 된 박영제, 이정식도 복직시켰지만 김진숙만은 절대 안 된다고 버티는 건 저런 심정으로, 저런 처절한 글을 쓰는 김진숙이 두렵기 때문일지도 모른다.

책을 읽기 전 책에 나오지 않는 저자의 이력을 좀 알아두면 더 좋을 듯싶다. 김진숙의 고향은 강화도이다. 중학교를 졸업하고 1978년 열여덟에 부산으로 와서 반여동 대우실업에서 실밥 따는 시다로 일을 하기 시작해 서른 군데가 넘는 공장을 전전한다. 김진숙은 신문 배달, 외판원, 버스 안내양을 하다가, 남자가 하는 일은 월급이 많을 거라고 직업훈련소에서 용접을 배운다. 그리고 1981년에 대한조선공사(현재 한진중공업)에 입사를 한다.

대학생이 되려고 방송통신고등학교를 들어가고 싶었지만 관리자들의 조소에 절망을 하고 포기한다. 야학을 통해 읽은 전태일 평전은 김진숙의 삶을 송두리째 바꿔놓는다. 노동자로 새롭게 태어난 김진숙은 어용노조 민주화 투쟁으로 1986년에 해고된다. 해고투쟁을 하다가 이 책이 나오기까지 "대공분실 세 번, 부서 이동 두 번, 해고, 출근 투쟁, 무자비하고 끝이 없던 폭행, 수배 5년, 두 번의 감옥….” 그리고 2011년 1월 6일부터 한진중공업 내의 85호 크레인에서 309일 동안 고공 농성을 했다. 전국 각지에서 희망버스가 내려간 것도 그때였다. 나도 그때 두 번 내려갔다. 계엄령같이 살벌한 경찰의 검문을 피해 돌고 돌아 한진중공업을 들어갔다. 까마득히 높은 크레인에서 손을 흔들던 김진숙의 모습이 떠오른다.

‘소금꽃 나무’라는 제목은 노동자들 등짝에 묻은 땀을 말한다.

“아침 조회 시간에 나래비를 쭉 서 있으면 아저씨들 등짝에 하나같이 허연 소금꽃이 피어 있고, 그렇게 서 있는 그들이 소금꽃 나무 같곤 했습니다. 그게 참 서러웠습니다. 내 뒤에 서 있는 누군가는 내 등짝에 피어난 소금꽃을 또 그렇게 보고 있었겠지요. 소금꽃을 피워내는 나무들, 황금이 주렁주렁 열리는 나무들, 그러나 그 나무들은 단 한 개의 황금도 차지할 수 없는.”

『소금꽃 나무』에는 김진숙의 삶뿐만 아니라 다른 노동자들 이야기도 들어 있다. 영남노동운동연구소에서 발간하는 〈연대와 실천〉에 ‘김진숙이 만난 사람들’이라는 제목으로 각 지역에서 치열하게 활동하는 진짜 노동자들을 직접 취재한 이야기 네 편이 실려 있다. 김진숙은 그런 노동자들한테 “거역할 수 없는 희망을 읽는다”고 했다. 구수한 부산 사투리로 인터뷰하는 모습이 정말 재미있는데, 안타깝게도 1995년 가을, 김진숙이 구속이 되면서 연재를 중단할 수밖에 없었다.

책 200쪽에는 ‘박근혜에게 보내는 편지’가 들어 있다. 박근혜가 국회의원이었던 시절, 전교조를 탄압하던 박근혜에게 김진숙은 "박근혜 씨, 가관도 길어지면 민폐라 한마디 하오" 하면서 박근혜에게 묻는다. "지금까지 살면서 '나와바리'를 지키거나 더 확장하기 위해서가 아니라 온전히 누군가를 위해 단 하루라도 바쳐 본 적이 있으시오?" 하면서 "당신이 있어야 할 자리는 그 자리가 아니오" 일갈하고, "근혜 씨도 이 나라에서 예순 번 가까운 겨울을 지내면서 적어도 살을 에는 추위가 어떤지는 겪어 봐야 하지 않겠냐"고 묻는다. 그곳이 어디일까? 지금 이 글을 읽고 있는 독자가 생각하는 그곳일까? 당시 김진숙은 박근혜가 대통령이 되리라곤 생각하지 못했을 텐데, 마치 박근혜의 운명을 예언한 것처럼 느껴진다.

나도 한번 예언해보자. "박근혜가 있어야 할 자리는 감옥이다." 그 소식은 언제쯤 들릴까. 이번 주에도 촛불집회를 나가야겠다.

전태일 책을 본 사람과
안 본 사람의 차이

내 책 편력과 『전태일』

지난 9월 7일 이소선 어머니 노제에 참석하려고 혜화동 가는 버스를 탔다. 어? 버스 기사가 아는 사람이다. 옛날 333번 삼화교통에서 같이 일하던 선배 기사다.

"어디 가?"

"네, 오늘 이소선 어머니 노제에 참석하려고 혜화동 가요. 여전히 버스 운전하고 계시네요."

"그럼, 내가 다른 거 할 게 있나? 근데 이소선 어머니가 누구야?"

"아, 전태일 열사 어머니요. 이번에 돌아가셨잖아요."

"전태일은 누구야?"

헉! 말문이 막힌다. 뭐 이 정도면 전태일이 누군지 설명을 해줘도 별 소득이 없다. 그저 안전운전 하시라고 하면서 자리를 찾아 앉을 수밖에.

우리나라 사람이라면 이소선 어머니는 몰라도 전태일은 알 거라고 생각하지만 이렇게 모르는 이들이 많다. 전태일이라는 이름은 알아도 무엇을 한 사람인지조차 모르는 이들도 많다. 지난 추석 때 큰집에 가서 작은형님을 만나 그 이야기를 했더니 그 형님이 "나보다 더한 사람도 있네. 난 전태일 이름은 알지" 하고 웃었다. 그 형님은 사회 문제에 관심이 그나마 많은 분인데도 그렇다.

1970년 11월 13일 청계천 평화시장에서 노동자들의 열악한 노동현실을 고발하면서 분신 항거한 전태일은 1948년생이다. 전태일이 분신한 해 당시 나이는 22살이었다. 나보다 10년 위였기 때문에 계산을 해보면 내가 12살 초등학교 졸업할 무렵이었다. 나는 일곱 살 때 학교를 들어가 그 나이에 초등학교 졸업을 하면서 공장을 들어갔다. 그리고 두 살 아래인 내 여동생도 중학교 진학을 하지 못하고 공장을 들어갔다. 나는 나무 의자를 만드는 공장 노동자였고, 내 여동생은 피복 공장 시다였다. 여동생은 몇 년 뒤 미싱사가 된다. 전태일이 그렇게 안타깝게 생각했던 여공 가운데 한 사람도 내 여동생인 셈이다. 아마 그때까지 전태일이 살아 있었다면 내 여동생도 전태일의 영향을 알게 모르게 받았겠지.

배 다른 큰형님을 빼고 2남 2녀인 우리 형제들은 모두 현장 노동자 출신이다. 같은 현장 노동자 출신들인데 '전태일'과 '역사'와 '사회'를 바라보는 눈은 다르다. 이를테면 '전태일이 그렇게 분신했어도 지금 달라진 게 있냐'와 '전태일 때문에 우리나라 노동자들과 지식인들이 사회에 눈을 떴고 노예 의식을 던져버리고 일어날 수 있었다' 차이다. 또 '박정희 정권이 독재이지만 그래도 그 사람 덕분에 보릿고개를 넘길 수 있었다'고 하는 것과 '박정희가 쿠데타를 일으키지 않았다면 우리 사회가 이렇게 재벌 독재 사회가 되지 않았을 것'이라는 차이다. 그리고 '대한민국은 주권이 있는 자유민주주의 국가다'와 '대한민국은 제국주의 미국에 예속된 식민지와 마찬가지다'의 차이다. 이렇게 똑같은 집안에서 똑같은 현장 노동자로 살아와도 생각의 차이는 크다. 사실 지금 우리 형제들 이야기를 하지만 다른 노동자들도 비슷하다고 생각한다. 똑같은 환경에서 똑같은 학벌(?)로 똑같이 노동자로 자란 형제들조차 이렇게 사회를 다르게 바라보게 된 까닭은 무엇일까. 그건 책이었다. 책을 읽었는가 안 읽었는가 하는 차이다. 그리고 어떤 책을 읽었는가 하는 차이다.

1990년대 초반까지 나 또한, 우리 형제들 그리고 평범한 대다수의 '근로자'들과 다르지 않았다. 그저 나만 열심히 일하면 돈도 벌고 집도 사고 가족들과 잘살 줄 알았다. 정말 열심히 일했다. 공장과 건축 현장과 화물차와 자가용 운전사 일을 하면서 이 사회를 알려고 하지 않았다. 하지만 가난을 벗어나지 못했다. 뛰어오르는 전세비를 내가 버는 돈이 따라가지 못한다는 걸 알고는 처음으로 이 사회 구조를 의심했다. 그러다 어느 날 『쿠바혁명과 카스트로』라는 책을 보게 됐다. 쿠바가 혁명에 성공한 뒤 미국을 쫓아내는 과정을 보면서 나는 내가 배운 역사를 의심했다. 그 뒤 나는 우리나라 역사가 궁금해 박세길이 쓴 『다시 쓰는 한국현대사』(박세길, 돌베개, 1988)를 봤다. 그 책을 보고 나는 큰 충격을 받았다.

우리나라가 어떻게 해방됐는지, 내가 '대한민국 초대대통령', '건국의 아버지'로만 기억하고 있던 이승만이 어떻게 친일파와 손잡고 권력을 잡았는지, 미 제국주의의 하수인인 맥아더가 우리나라를 어떻게 점령했는지 알았다. 그리고 친일파 후손들과 박정희 독재 세력에게 우리 현대사가 어떻게 왜곡되고 은폐되어 왔는지 알 수 있었다. 하지만 반공 교육에 물들어 있던 나는 쉽게 받아들이지 못했다. 그 뒤 나는 진실이 궁금해 책을 보기 시작했다. 조정래가 쓴 『태백산맥』과 브루스 커밍스가 쓴 『한국전쟁의 기원』, 송건호가 쓴 『해방 전후사의 인식』을 봤다. 그런 책들을 보면서 나는 속고 살았다는 걸 알았다. 얼마나 분통이 터지던지 그때부터 책을 보고 이 사회를 속속들이 알고 싶었다. 학교를 다니지 못한 것도 후회됐다. 그리고 그 당시 시내에서 시민들과 학생들이 늘 데모를 했는데 그럴 수밖에 없었다는 걸 깨달았다.

하지만 그때는 내가 버스를 운전할 때라 책을 볼 시간이 별로 없어 버스 운전을 하면서 봤다. 운전을 할 때 늘 버스 운전대 옆 다시방(대시보드)에 책을 올려놓는다. 그리고 운전하다 신호등에 걸리면 책을 집어 들어 보고 파란 신호가 터지기 직전, 운전대 옆 다시방에 그 보는 면이 밑으로 가게 엎어 놓는다. 다시 운행을 하다가, 사거리나 횡단보도에서 빨간 신호가 들어오면 버스를 세우는 동시에 책을 집어 들어 본다. 그럼 신기하게도 아까 본 그 자리에 눈이 꽂힌다. 그 당시에 시민들과 학생들이 데모를 하면 20~30분 길에 서 있을 때가 많아 책을 볼 수 있었다. 그렇게 보면 얼마나 볼 수 있냐고? 열 권짜리였던 『태백산맥』을 버스 운전대에서만 봤는데도 한 달밖에 걸리지 않았다.

전태일 열사 책을 본 것도 그때였다. 그 책을 보고 청계천 피복노동자들뿐만 아니라 우리나라 노동자들의 현실을 자세히 알 수 있었다. 나와 우리 형제들, 그리고 내 또래 노동자들이 그렇게 지독하게 일을 하고도 정당한 대가를 받지 못한다는 걸 알게 됐다. 박정희 정권이 쿠데타를 일으켜 정권을 잡은 독재 정권이라는 건 『다시 쓰는 한국현대사』, 리영희 선생이 쓴 『전환시대의 논리』, 『우상과 이성』 같은 책을 보고 알았지만 전태일이 자신과 함께 불사른 근로기준법이 내 자신과 우리 노동자들과 직접 연관이 있는 법이라는 것을 몰랐다.

그런 책 한 권을 보면 사회를 보는 눈이 트일 텐데 우리 노동자들은 책을 잘 읽지 않는다. 내가 같이 일하던 버스 운전사들을 보면 1년 내내 책 한 권 읽지 않는다. 시간이 없어 못 본다는 핑계는 나한테 먹히지 않는다. "나는 운전하면서 책 읽었어" 하면 대꾸할 사람이 있을까? 드문드문 책을 보는 노동자도 있다. 하지만 책이라고 해서 다 좋은 책이 아니다. 엊그제 집에 들어가려고 버스를 탔는데 그 버스를 운전하는 기사가 전에 동해운수에서 같이 일하던 기사였다. 그 기사는 자기는 책을 많이 본다고 했다. 무슨 책이냐고 물으니 기독교 책이란다. 이 버스 기사뿐만이 아니라 일반 노동자들 대다수가 그런 종교 책 아니면 자기 계발서만 읽는다. 그런 책은 100권을 읽어도 『전태일』 책 한 권 읽느니만 못하다.

나는 그 뒤 2005년에 버스 운전을 그만두고 월간 〈작은책〉 발행인이 됐다. 책과 내가 쓰는 글이 이 세상을 좀 더 나은 세상을 만들 수 있다는 생각이 들어 이 길을 선택했다. 월급은 적어도 책을 많이 볼 수 있어서 좋다. 젊을 때 책을 많이 못 본 게 후회돼 책 욕심이 좀 지나친 게 흠이다. 적은 월급으로 날마다 몇 권씩 사대니 아내가 좋아할 리가 없다. 좋은 책이 나오면 금방 보지 못해도 일단 사놓고 본다. 어디 갈 때 헌 책방이 보이면 아무리 시간이 없어도 들어가 본다. 심지어는 전철역 가판대에서 헌책을 파는 곳까지도 들어가 본다. 물론 그런 곳은 자기 계발서가 많아 건질 것이 별로 없어서 구경만 하고 나오지만.

다시 전태일 이야기로 돌아가자. 우리 노동자들은 전태일을 알아도 『전태일』 책을 본 사람은 그리 많지 않다. 〈작은책〉 사무실에 보급판으로 나온 『전태일』(조영래, 아름다운전태일, 2009) 책이 몇 권 남아 있다. 우리 사무실에 와서 〈작은책〉을 구독 신청할 때 책 한 권을 선물한다. 그런데 이 『전태일』 책을 주면 선뜻 받으려 하지 않는다. 책 내용을 알기 때문에 다른 책을 선물로 줬으면 하는 눈치를 보인다. 하지만 "전태일 읽어봤어요?" 하고 내용을 물어보면 대답을 하지 못한다. 전태일을 알기는 아는데 책은 읽지 않은 것이다. 어쩌면 아이들을 가르치는 선생님들도 안 보신 분이 계실지 모르겠다. (설마 그런 선생님은 없기를.)

전태일이 바라던 세상을 대신 꿈꿨던 어머니, 이소선 어머니가 돌아가셨다. 한 세대를 이어 투쟁한 전태일과 어머니. 아무리 책을 안 봐도 이번 기회에 그것이 어떤 의미가 있는지 『전태일』 책 한 권은 읽었으면 좋겠다. 전태일을 본 사람과 안 본 사람의 차이는 크다. 비록 나온 지 오래된 책이지만 현재 우리나라 노동현장과 노동자의 현실을 그대로 들여다볼 수 있다. '그땐 그랬지' 하고 단순히 과거를 지난 추억으로만 보는 것이 아니라 '그때 그랬기 때문에 현재 이렇게 역사가 흘러왔어' 하는 역사의식이 생긴다. 역사의식은 이 사회의 핍박받는 노동자들의 처지를 구경꾼처럼 바라보지 않고 내 일처럼 생각하게 만든다. 사회 참여 의식이 생겨나는 것이다. 평범하게 살아가는 우리 서민들이 사회 참여 의식이 있어야 내 후손들에게 살기 좋은 세상을 물려줄 수 있다. 아, 이소선 어머니 생애가 담긴 『지겹도록 고마운 사람들아』도 곁들여 읽으면 더할 나위 없겠다.

"계엄령을 선포하라" 구호보다 순박한
"개새끼들아"

청소노동자 파업 연대의 시
『조까라마이싱』

"조까라마이싱 있어요?"

"네?"

동네 서점 직원이 눈을 똥그랗게 뜬다. "조, 까, 라, 마, 이, 싱, 이요. 책 제목입니다. 시집이에요." 한 글자 한 글자 또박또박 다시 말했다. 그제서야 서점 직원이 "아, 네" 하더니 웃을 듯 말 듯한 입꼬리 모양을 한 채 검색을 한다. 하긴 내가 말해 놓고도 책 제목이 좀 거시기하긴 하다. 유래는 모르겠으나 옛날부터 욕으로 쓰던 용어다. '에라이 니기미'와 같이.

"없는데요. 주문해 드릴까요?"

"네."

『조까라마이싱』(김일석, 산지니, 2014)은 김일석 시인의 다섯 번째 시집이다. 김일석 시인은 약자들의 투쟁 현장에서 선동하고 연대하고 위로하는 시들을 많이 썼다. 제목과 같은 이 시는 중앙대, 신라대 '청소노동자 파업 연대의 시'다. 조까라마이싱의 마지막 부분은 이렇다.

걸레 빗자루 들고 구석구석 박박 기던
늙고 값싼 비정규직 청소 노동자가
덜거덕거리는 무릎과 허리 곧추세워 대오를 짜니
교육 모리배들아, 느낌 어떠냐?
황당하냐?
기분 더럽냐?
여태 모르겠느냐?
노동자가 노동을 멈추면 모든 게 멈춘다는 걸

에라이 니기미
조까라마이싱이다!

청소노동자들이 더 싸울 수 있게 힘을 주고 선동하는 시다. 같이 싸우자고 연대하는 시다. 그리고 청소노동자들처럼 힘들게 사는 사람들을 위로하는 시다. 내가 어릴 때, 시는 고상하고 아름다워야 한다고 배웠다. 운율이 있는 언어로 압축하라고 배웠다. 시는 본래 해석하는 이마다 다 다르다고 했다. 이렇게 욕을 내뱉으며 금방 해석할 수 있는 시는 시가 아니라고 했다. 천민 자본가들, 지배자들, 노동을 안 해본 자들이 그렇게 세뇌했다. 열두 살 때부터 공장에서 노동했던 나도 그렇게 믿었다. "구름에 달 가듯이 가는 나그네", "모가지가 길어서 슬픈 짐승이여", "한 송이의 국화꽃을 피우기 위해" 따위 시들이 좋은 시라고 배웠다. 이런 시들이 거의 친일파 시들이라는 건 나중에 알았다. 어쩐지 읽으면서도 공감이 안 가더라니.

내가 시를 보고 처음으로 감동을 받았던 때는 1990년 즈음 버스 운전을 할 때였다. 꽉 막힌 도로에서 쉴 시간 없이 하루 종일 뺑뺑이를 돌고, 막차 순번으로 종점을 들어오면 새벽이었다. 먼저 한잔하면서 기다리던 동료들을 만나 술 한잔 한 뒤, 집에 들어와서 우연히 보게 된 시가 박노해의 『노동의 새벽』이었다. 그 시를 쓴 박노해는 경기도 어디쯤에 있던 버스회사 정비사 일을 했던 사람이었다. 노동을 해본 사람만이 쓸 수 있고, 공감할 수 있는 시를 처음 봤다. 그때부터 시를 보는 눈이 달라졌다. 박정희 유신정권 때 감옥에 갇혀 노태우 때 풀려 난 김남주 시인도 그때 알았다.

　　누가 그랬던가. "불의에 항거하는 살벌한 분노는 거룩하기조차 하다"고. 그동안 내가 시를 외면했던 건 내 삶과도 동떨어졌고 사회 현실과 전혀 무관하고 이해가 잘 안 되는 내용이었기 때문이다. 그러니 이런 시를 보면서 어찌 좋아하지 않을 수 있을까. 그 뒤로 내가 즐겨 읽는 시와, 좋아하는 시인들이 생겼다. 백무산, 송경동, 서정홍, 신경림 등이다.(이 밖에도 많은데 기억을 하지 못한다.) 김일석 시인은 그런 시인 가운데 한 사람이었다. 뒤늦게라도 그이의 시를 볼 수 있어 행운이었다.

　　　영등철 매서운 바다에 갇혀
　　　죽어 가는 새끼들 단 한 명도 살려내지 못하는
　　　무능한 기생충들의 가장무도회
　　　"내 아이 좀 살려주세요!"
　　　울부짖는 엄마에게 내민 저 태연자약한 손
　　　반 인간의 손모가지 내리찍고 싶구나

세월호 마을집회에서 낭독한 시 「눈물의 부활절에」라는 시의 일부분이다. 그렇다. 차디찬 바다 속에서 죽어가는 아이들을 살려달라고 울부짖는 엄마에게 어떻게 그렇게 태연할 수가 있다는 말인가. 태연하다는 뜻은 죽어가는 아이들을 보면서도 빨리 죽으라고 동조하거나, 관망하거나, 외면하고 있다는 뜻이겠지.

그렇게 태연한 자들은 이 정부 관계자일 수도 있고, '보상받았 잖아. 이제 그만해라' 하는 시민일 수도 있다. 그런 자들에게 고상한 '분노'만 느낄 수는 없다. 그런 자들의 손목을 도끼로 내리 찍고 싶지 않겠는가.

언제 쓴 시인지는 모르겠는데 마치 요즘 태극기 들고 집회 나오는 박사모들한테 보내는 듯한 시도 있다.

오사리잡놈들이 무슨
애국가를 사 절씩이나 부르냐
그리 지루하게
나라를 사랑한단 말이냐

물론 요즘 박사모 회원들이 애국가를 4절씩 부른다는 말이 아니다.(그걸 다 외우는 노인들도 많지 않겠지만.) 태극기 들고 애국가 1절만 줄기차게 부르는 오사리잡놈 같은 노인들을 빗대는 말이다.

시인은 이런 '과격한' 시어만 쓰지 않는다. '그리움', '비 내리는 밤' 같은 시는 물씬 그리움이 풍기고, 비가 똑 똑 똑 떨어지는 소리가 들리는 듯 서정적인 시어도 쓴다. 그러나 그 시어는 관념으로 지어낸 시어가 아니라 현실에서 건져 올린 시어다.

시인은 언제 어디서 어떻게 이런 시를 쓸까. 시인의 아내는 오랫동안 병원 생활을 하고 있다. "일반적인 뇌출혈 사례와 달리 뇌하수체, 신장, 심장, 뇌 대동맥류, 교감신경계, 난치성 고혈압까지 다발성 질환이다." 김일석 시인은 병원에서 아내를 간호하면서 "코딱지만 한 전화기 자판"을 두들긴다고 했다. 그리고 틈틈이 페이스북에 사는 이야기를 올리고 있다는데 내가 손전화가 없어서 볼 수는 없었다.

요즘 박근혜 탄핵 헌법재판소에서 대통령 대리인단은 난장판을 벌이고 있다. 수구 세력들이 기득권을 놓치지 않으려고 별 수단을 다 쓰고 있는 판에 "계엄령을 선포하라"고 외치는 '오사리잡놈' 같은 박사모도 있다. 답답한 마음에 이 시집을 읽고 나니 잠시나마 속이 시원해진다. 2014년에 쓴 「웃기지 마라」라는 시는 현재 국면을 말하는 듯하다. 복직 판결이 나도, 해고사유가 부당하다 판결이 나도 자본은 꿈쩍하지 않는다고, 민주노총 국민총파업의 날에 썼던 시의 마지막 부분이다.

견디다
견디다
죽을 각오로
체제의 스위치를 내릴지 모른다고
이 개새끼들아

"개새끼들아" 하는 욕은 "계엄령을 선포하라"는 섬뜩한 내란선동 구호보다는 백배 순박해 보인다.

빈곤과 차별이 있는 곳에
아마미야 가린이 간다

『프레카리아트, 21세기 불안정한 청춘의 노동』

지난 2006년 3월 프랑스에서, 26세 미만인 젊은이들을 2년 이내에는 해고를 자유롭게 할 수 있다는 최초고용계약법(CEP)을 만들려고 했을 때 고등학생과 대학생들이 들고일어나 법 제정을 무산시킨 일이 있었다.

"그런데 일본은 노동조건 면에서는 프랑스 젊은이들보다 일본 젊은이 쪽이 열악한데 왜 일본에서는 폭동이 일어나지 않는가."

미지북스에서 출간한 책『프레카리아트, 21세기 불안정한 청춘의 노동』(아마미야 가린, 김미정 옮김, 미지북스, 2011)에서 저자 아마미야 가린이 인터뷰한 스기타 구치코미(『프리터에게 자유란 무엇인가』 저자)는 스스로 묻고 이렇게 답한다. "일본의 경우 인생의 안전망이 가족이라고 생각합니다. (중략) 이런 이유 때문에 은둔형 외톨이나 가정 폭력이나 자해 같은 형태로 폭력이 산발적으로 일어나고 있다고 생각합니다. 그러니까 어떤 의미에서 폭동은 이미 일어나고 있는 거죠. (중략) 단, 화를 표출하는 방향이 잘못되었고, 분노의 대상이 자기 신체나 어머니 쪽이 되어버렸지만요."

이 책의 제목 프레카리아트(precariat)라는 말은 프레카리오(precario: 불안정한)와 프롤레타리아트(proletariat: 노동자 계급)를 합성한 신조어다. 파견, 하청, 계약직, 아르바이트 같은 비정규직 노동자층을 가리키는 말이다. 부제로 '21세기 불안정한 청춘의 노동'이라고 나와 있는 걸 보면 제목만 봐도 내용을 짐작할 것이다.

이 책은 우리나라 비정규직 노동자 실태와 일본의 프레카리아트 실태를 비교해볼 수 있다. 우리나라 노동정책이 분명히 일본을 따라 하고 있었구나 하는 걸 알게 되는데 그 속도는 일본보다 더욱 빠르다. 이를테면 자본가들이 정규직 노동자들을 비정규직으로 바꿔버리는 시기가 일본보다 10년 뒤였지만 현재 일본보다 비정규직 비율이 많다. 우리나라 자본가들은 꼭 못된 것만 빨리 배운다.

어두운 표지와 제목만 보면 선뜻 집어 들기 쉽지 않은 책이지만 꼭 한번 읽어보시기 바란다. 일본의 비정규직 실태가 어떤지 바라보면서 앞으로 우리 비정규직 실태가 어떠할지 짐작할 수 있다. 또 일본 사회가, '장렬함이 극에 달한 한국의 수험 전쟁'이라는 말로 표현하듯 우리 사회를 거울처럼 들여다볼 수 있다.

이 책의 저자 아마미야 가린은 좀 특이하다. 어릴 때 왕따를 당하기도 했고, 초등학교 때는 레즈비언 행동도 했고, 밴드를 따라다니고, 좌절 속에 손목을 긋기도 했다. 미니스커트 우익이라고 불리기도 하면서 화제를 불러일으키기도 했는데 자세한 내용은 책에 나와 있으니 밝히지 않겠다. 다만 『생지옥, 천국』, 『성난 서울』 같은 다른 책도 많이 냈다는 것만 밝힌다. 나는 이 책을 읽고 아마미야 가린이 우석훈과 같이 낸 책『성난 서울』을 읽는 중이다. 꼭 한번 만나보고 싶은 인물이다.

이 글 처음에 나온 질문, '노동조건이 프랑스 젊은이보다 일본 젊은이들이 더 열악한데 왜 폭동이 일어나지 않는가?' 하는 똑같은 질문을 한국에 던지면 어떨까. '한국은 인생의 안전망이 가족이라는 생각이 일본보다 더 깊어서 그렇다'는 대답이 나오지 않을까. 그렇거나 말거나 유쾌하게 싸우면서 비정규직 없는 세상을 만들 방법은 없을까.

3장

우리말·글 바로쓰기

"글은 인간의 인간다운 삶에 기여해야 한다"

글쓰기 배울 때 꼭 봐야 할 책 여섯 권

시내버스를 20년 동안 운전하다가 1996년도부터 갑자기 글을 쓰게 된 내가, 이젠 남에게 글쓰기를 가르친다. 가르치는 건 더욱 그렇지만 글쓰기도 여전히 어렵다. 바둑 두는 걸 배우면 배울수록 어렵다고 하더니 이 글쓰기가 배우면 배울수록 어렵다. 일터에서 일어나는 일을 쓴다면 그나마 술술 나오겠는데 칼럼 같은 '머리글'이나 '엮은이 글' 같은 건 그렇게 쉽게 나오지 않는다.

글을 더 쉽게, 잘 쓰고 싶어 '글쓰기'에 관한 책을 사 나른다. 집을 뒤져보니 한 700권이나 된다. 대개 다 좋은 책들이지만 책 같지 않은 책도 아주 가끔 있다. 〈작은책〉 일꾼들하고 이야기를 나누다가 안건모가 읽은 글쓰기 책 중에서 다섯 권만 소개하는 글이 있으면 독자들에게 도움이 되겠다는 이야기가 나왔다. 다섯 권이라? 한번 골라보자. 어떤 책이 글쓰기에 도움이 될까? 쌓아 놓고 치열하게 골라봤다. 이건, 저것보다 나을까? 아냐. 이게 나을까? 몇 날 며칠을 골라보니 여섯 권이다. 한 권을 빼려니 도저히 뺄 수 없다. 우리말법에서부터 글쓰기 동기를 부여하는 책,

실제로 글을 쓸 때 올바른 문장을 쓰는 법까지 골고루 골라보니까 이 책들이다.

『우리글 바로쓰기』(이오덕, 한길사, 1992)

글을 쓰려는 사람이 가장 먼저 봐야 할 책이다.

"좋은 글은 쉬운 글이다. 쉬운 글을 쓰려면 어떻게 해야 하나. 우리말법이 따로 있다. 하지만 지난 천 년 동안 우리 겨레는 끊임없이 남의 나라 말과 글에 우리 말글을 빼앗기며 살아왔다."

이오덕 선생은 우리 말법이 아닌 글로 쓴 보기글을 들어 보여준다. 세 권으로 돼 있는데 실제 신문이나 잡지 같은 곳에 나온 글을 쉬운 우리말법으로 고쳤다. 이 책을 읽지 않고서는 글을 쓰려고 생각하지 마시라. 첫 번째 꼭 읽어야 할 책으로 이 책을 꼽는다.

『살아 있는 글쓰기』(이호철, 보리, 1994)

농촌 학교에서 초등학생에게 글쓰기를 가르친 교사가 쓴 책이다. 이호철 선생은 이오덕 선생의 가르침을 이어받아 아이들에게 살아 있는 글쓰기를 지도한다. 학교에서 글쓰기를 지도하는 교사는 물론 아이들이 잘되기를 바라는 부모님들도 꼭 봐야 할 책이다. 이런 책을 보면 일반 대중이 글을 잘 쓰게 될까?

물론이다. 대중이 글을 잘 못 쓰게 된 까닭은 초등학교 때부터 잘못 배운 탓이다. 잘못 배운 글쓰기 교육을 깨달으면 어떤 글을 어떻게 써야 할지 깨달을 것이다. 이호철 선생이 가르치던 학생이 쓴 시를 보면 웃음이 터지기도 하고, 가슴이 울컥하기도 한다.

이 책에 나오는 아이들의 시는 내가 다른 곳에서 글쓰기 교육을 할 때 많이 인용을 한다. 가짜 시를 본 뒤 이 책에 나오는 아이들이 쓴 시를 본 사람들은 무릎을 친다. 이 책을 읽으면 어떤 글을 써야 할지 금방 감을 잡을 수 있다.

『나는 시민 기자다』(김혜원 외 11명, 오마이북, 2013)

내가 왜 이렇게 어려운 글쓰기를 배워야 하지? 그거 안 배워도 잘살고 있잖아? 이런 생각이 들면 포기하기 쉽다. 이 책을 읽으면 치열하게 글을 쓰고 싶다는 생각이 들 것이다.

이 책에 글을 쓴 저자들은 글쓰기 전문가가 아니라도, 작가가 아니라도 기자가 될 수 있고, 작가가 될 수 있다는 걸 보여준다. 전업 주부 김혜원, 농부 송성영, 회사원 이희동 씨 등 이들은 모두 글쓰기 전문가가 아니었다. 이들은 어떤 과정을 겪으며 글쓰기 실력을 쌓고 자신감을 얻게 됐을까?

이 책은 "나도 글을 쓰고 싶어!" 하고 눈이 번쩍 뜨이는 사례들이 널려 있다. 그것뿐인가. '좋은 글'은 어떤 글인가 알려주기도 하고 실제로 글을 쓸 때 어떻게 써야 할지도 들어 있다. 글을 쓰고 싶으면 이 책을 보고 용기를 내시기를 바란다.

『황홀한 글 감옥』(조정래, 시사인북, 2009)

주로 대학생을 중심으로 〈시사인〉 인턴기자 희망자들이 『태백산맥』을 쓴 조정래 씨에게 보낸 5백여 가지 질문에 대답한 형식으로 되어 있다. 이 책에서는 글을 쓰는 사람의 마음가짐, 자세를 알려준다. 조정래 씨는 말한다.

"막심 고리키가 그랬듯이 수많은 작가는 역사의 중요한 고비고비마다 펜을 든 혁명가의 역할을 해내며 인간의 인간다운 삶에 기여하고자 했습니다."

글은 인간다운 삶에 기여해야 한다는 말이다. 소설가 지망생뿐만이 아니라 생활글을 쓰려고 하는 이들도 꼭 한번 읽어야 할책이다.

『글쓰기가 삶을 바꾼다』(김종철, 21세기북스, 2011)

김종철 씨는 글쓰기를 배울 때 처음부터 실습에 들어가려고하지 말라고 주장한다. 그래서 이 책 처음 1부에 나오는 '말과 인간의 삶', '문자의 역사와 글의 발전'을 차분히 읽고 나서 다음 단계로 들어가라고 한다. 수필, 시, 소설, 기행문학, 편지글, 일기뿐만이 아니라 자기소개서와 인터넷 글쓰기까지 다양한 분야의 글쓰기 방법이 나와 있다.

그런데 글을 써서 삶이 바뀌는 내용은 없다. 하지만 글쓰기를배우는 데 그런 내용이 없으면 어떠랴. 글을 잘 쓰면 삶이 저절로바뀌는 건 분명하다.

『문장부터 바로 쓰자』(송준호, 태학사, 1996)

실제로 글을 쓸 때 문장을 어떻게 쓰는가 하는 내용이 나와있다. 각 단원마다 실제 보기글과 연습문제가 있어 공부하기 좋은 책이다. 답을 보지 말고 끝까지 해보면 문장 실력이 훨씬 좋아질 것이다. 연습문제 해답은 이 책 맨 뒤에 나오는데 친절한 설명서가 없어서 처음엔 헷갈릴 것이다. 제목을 보면서 찾아보면 금방 알 수 있으니 연습문제를 꼭 풀어보시기를.

　이렇게 책 여섯 권을 글쓰기 책으로 추천한다. 꼭 이것만이 가장 좋은 책이라고 할 수는 없다. 『글쓰기 생각 쓰기』, 『유혹하는 글쓰기』도 빼놓고 싶지 않은 책이다. 또 기회가 있다면 독자들에게 소개해드리겠다. 이번에 소개한 책부터 꼭 보시기를 바란다.

한국의 '다치바나 다카시?'
천만의 말씀

ᗐ

한기호 출판마케팅연구소 소장의
『나는 어머니와 산다』

1958년생, 한기호. 책에 관한 경력이 화려하다. 『소설 동의보감』, 『나의 문화유산답사기』, 『나는 빠리의 택시운전사』 등 수많은 베스트셀러를 탄생시킨, 출판마케팅 분야에 독보적인 분이다. 1982년부터 출판계에 편집자로 입문했다. 1998년에 자신이 설립한 한국출판마케팅연구소 소장과 출판 전문 격주간지 〈기획회의〉의 발행인으로 있고 〈학교도서관저널〉도 발행하고 있다.

"2009년 9월부터 네이버에 '베스트셀러 30년'을 연재하면서 8개월 이상 하루 두세 시간만 자고 책을 읽어야 하는 강행군이 계속되었다. 가끔 술자리에서 잠이 들기도 했지만 그 일정을 모두 소화해낼 수 있었다. 그때는 주간 연재와 격주간 연재도 5~6개 되던 시절이라 많으면 한 주에 20여 권의 책을 읽어야만 했다."

회사 두 곳을 운영하는 것도 힘들 텐데 하루에 책을 한두 권 이상 읽는 건 기본이고 하룻밤에 다섯 편씩 글을 쓰기도 한다. 새벽이 될 무렵까지 술을 먹고 집에 들어간 걸 봤는데 아침이면 한기호 블로그에 글이 한 편 올라가 있다. 새벽에 쓴 글이다. 도저히 사람이 할 수 있을 것 같지 않은데 한기호 소장은 그런 일을 30년째 하고 있다. 어떤 이는 한국의 다치바나 다카시라고 했다. 다치바나 다카시는 책을 많이 읽기로 소문난 사람이다. 감당이 되지 않을 정도로 불어난 수만 권의 장서를 보관하기 위해 도쿄 시내에 고양이 빌딩을 지어 화제가 된 인물이다. 하지만 내가 보기에 다치바나 다카시는 한기호 소장을 따라오지 못한다. 한기호 소장은 딸이 다닌 고등학교에 책을 4400권이나 기증하는 등, 책을 기증하는 곳도 많고, 무엇보다 빌딩을 지을 돈이 없어서 책을 보관하지 못할 뿐이다. 게다가 다치바나 다카시는 한기호 소장처럼 몇 가지 일을 한꺼번에 할 수 있을 것 같지는 않다.

그렇게 바쁘게 살면서도 2009년 3월부터는, 치매 초기에 몸까지 불편했던 어머니를 혼자서 모시기 시작했다. 『나는 어머니와 산다』(한기호, 어른의시간, 2015)라는 책은 2009년 3월 28일부터 2014년 말까지 어머니를 모시면서 일어나는 일을 기록한 책이다. 끼니때마다 무슨 음식을 할까 고민하는 소소한 이야기부터 어머니를 모시면서 깨달은 철학까지 설파한다.

"내가 어머니를 모시고 살면서 깨달은 것이 있다면 마지막까지 인간관계에 최선을 다해야 한다는 것이다. 평생을 자식들에게 헌신한 이에게 화를 낼 수는 없다."

한기호 소장은 어머니를 모시고 글을 쓰면서, 노인에 관한 수많은 책을 보고 책 속에서 배울 만한 내용을 인용한다. 『노인수발에는 교과서가 없다』, 『아흔 개의 봄』, 『잘 가요 엄마』 등 노인에 관한 책뿐만이 아니라 가족에 관한 책도 봤다. 저자는 그 책들을 보면서 마음에 평정을 얻었다고 한다.

한기호 소장이 어머니를 모신 지 1년이 지나면서 어머니는 정상으로 돌아오셨다. 아침마다 밥을 하고, 설거지도 했다. 세탁기와 가스레인지 작동법을 배우고 집안일도 배우면서 조금씩 몸을 움직였다. 저자는 어머니가 몸을 움직이도록 일부러 게으름을 피우기도 한다. 한기호 소장은 보기와는 달리 마음이 여리다. 텔레비전 아침드라마에서 "행복이란 별건가. 그저 함께 밥 먹어주는 사람이 있으면 그게 행복이지!"라는 대사가 나올 때 눈물이 흘러내렸다고 한다. '어머니와 함께 언제까지나 이 행복을 누리고 싶을 뿐'이다.

　저자는 "내가 인생에서 가장 잘한 것 중의 하나는 어머니를 모시겠다고 자원한 일"이라고 말한다. "덕분에 나는 사람을 사랑하는 법을 배웠다"고 하면서 "이제는 누구라도 사랑할 수 있을 것 같은 자신감이 생겼다"고 말한다. 그리고 자신은 '종활'을 나름대로 준비하기로 했단다. '종활'은 일본에서 상속, 장례, 묘지, 인생 막바지의 의료 등 죽음을 준비하는 임종 활동을 뜻하는 말이란다. 구직 활동은 '취활', 결혼 활동은 '혼활'이다. 저자에 따르면 "2009년 〈아사히신문〉에서 처음 쓴 '종활'이 지금 일본 사회에서 붐이다. 취직이나 결혼 못지않게 임종 준비를 중요하게 여기게 됐다는 사회 분위기를 반영한다." 저자는 죽기 전에 후배들에게 모든 것을 넘겨주는 것이 좋겠다고 생각하면서 이렇게 말한다.

　"인생의 마무리는 정말 중요하다. 앞으로 내가 일을 열심히 하는 것은 무엇인가를 열심히 이뤄내기 위해서라기보다는 세상과 잘 이별하기 위한 준비일지도 모르겠다. 나는 정말 그렇게 살고 싶다. 어느 순간 내가 사라지면 세상 사람 모두가 행복해지도록 만들어놓고 조용히 죽고 싶다."

이 책을 읽고 저자가 쓴 또 다른 책 『마흔 이후 인생길』을 읽고 싶었다. 내가 자주 다니는 불광문고에 책이 있냐고 물어봤다.

"안 팔려서 반품했어요. 주문할까요?"

왜 이렇게 좋은 책들이 벌써 서점에서 사라지고 없을까? 2014년에 나온 책인데 말이다. 한기호 소장은 수많은 베스트셀러를 만들었지만 정작 자신의 책은 베스트셀러를 만들지 못했다. 이 책 또한 내가 한 권 산다고 베스트셀러가 되지 않겠지만 읽어봐야 한다.

"주문해주세요."

진짜 글쟁이가 나타났다

❧

트럭 운전대에서 쓴
『나는 언제나 술래』

헤르츠나인 출판사에서 『나는 언제나 술래』(박명균, 헤르츠나인, 2016)를 펴냈다. 글쓴이는 일산의 과자 장수 박명균. 도매상에서 받은 새우깡, 아폴로, 달고나, 쫀드기 같은 과자를 2.5톤 트럭에 싣고 문구점이나 슈퍼마켓 등 거래처를 돌면서 판다. 바쁜 중에도 차에 올라가 운전대에서 핸드폰을 열고 페이스북에 틈틈이 글을 썼다. 진심에서 우러나오는 그의 글은 재미와 감동, 치열함이 있었다.

저자는 1970년생 개띠다. 신월중학교 3학년 때까지 틈만 나면 주먹싸움을 하고, 싹수없는 후배들을 패고, 손거울로 여선생님 치마 속을 보려고 애썼던 철부지였다. 그 학교에는 전교조 1세대 젊은 교사들이 대여섯 분이 있었다. 박명균은 '오로지 여자애들이 있어서 들어간 독서 모임'에서 『전태일 평전』을 읽었다. 그 책을 읽으면서 박명균은 눈물을 흘렸다.

박명균은 1987년 6월 항쟁이 일어났던 해에 발산동 명덕고등학교로 진학했다. 참교육을 지향하는 교사들은 1989년 7월 3일 전교조를 창립했다. 당시 문교부 장관 정원식은 전교조 조합원의 해직을 결정했다. 자진 탈퇴를 거부해온 1465명의 교사들이 1990년 11월 26일 해직되었다. 이들 중 116명은 파면, 970명은 해임되고, 379명은 직권면직 당했다. 전교조 교사들의 항거는 계속됐다.

고등학생들도 가만히 있지 않았다. 박명균은 독서동아리에서 활동했다. 1990년 고3 때 '우리반 반장'이라는 글을 써서 학내에 배포했다. 투표로 자신이 반장이 됐는데 성적 미달로 다시 반장을 뽑게 한 학교를 비판하는 글이었다. 박명균은 또 교육 민주화를 위해 활동했다. 파면된 선생님을 돌려달라고 반 아이들과 일제히 운동장으로 종이비행기를 날리고, 민주 학생회를 만들기 위해 유인물을 뿌렸다. 무기정학을 받았다. 우여곡절 끝에 졸업은 했지만 대학 갈 생각은 없었다.

그리고 '쥐새끼가 물어뜯는 고통' 같은 가난에서 벗어나려고 기를 쓰면서 살았다. 27년이라는 세월이 흘러 고등학생운동의 기억은 퇴색돼갔다. 박명균은 젊은 시절 내내 '노가다'를 하다가 결혼을 했다. 어느 날 친구의 권유로 과자 장사를 시작했다. 박명균은 과자를 팔면서 문전박대 당하고, 무안당하고 비참해졌다. 1년 동안 접촉사고만 세 번이나 낸 적도 있다. 사소한 접촉사고를 낼 때마다 보름치 일한 돈이 날아갔다. 생활비로 150만 원은 벌어야 하는데 100만 원도 제대로 벌지 못했다. 하루는 아내한테 지청구를 듣고 일을 나갔다. 박명균은 그때 울었던 기억을 『나는 언제나 술래』에 풀어놓았다.

"화가 나고 창피해서 속상하다. 상가 계단에 앉아서 빵을 먹는다. 손끝에 있는 빵에 빗물이 들이친다. 뚝뚝 떨어지는 빗물에 빵이 젖는다. 뚝뚝 떨어지는 눈물에 빵이 젖는다. 빵을 다 먹었는데도 뚝뚝 뚝뚝 떨어진다. 빵 봉지를 쓰레기통에 버리고 엉거주춤 차에 탄다."

박명균이 글을 다시 쓰게 된 동기는 이렇다. 어느 날 중국에 사는 친구에게 놀러갔는데 방에 하명희 소설가가 쓴 책『나무에게서 온 편지』가 있었다. 하명희는 계성여고를 다니던 1년 후배였다. 소설 내용은 치열하게 싸웠던 고등학생운동 이야기였다. 박명균은 그때의 추억이 되살아났다. 고등학생운동의 기억을 간직하고, 이렇게 되살리는 사람이 있다는 게 신기했다. 다시 글을 쓰기로 마음먹은 건 그때부터였다. 과자를 배달한 뒤 아주 짤막한 틈에 운전대에서 썼다. 매일 최소 12시간씩, 거래처에 물건을 진열하고 사장과 일회용 커피도 먹으면서 하소연도 들어줘야 했다. 글을 쓸 시간을 따로 낼 수 없었을 게다.

소설가 하명희가 『나는 언제나 술래』에 '추천의 글'을 썼다. 하명희는 박명균 선배를 기억하고 있었다. 박명균이 3학년 때 썼던 '우리 반 반장'이라는 글을, 하명희는 고등학교 문예부 소모임에서 그 책을 돌려 읽으며 '자지러지게 웃으면서' 토론했단다.

"27년 전 친구들을 위해 글을 쓰던 고등학생은 지금도 골목길에서 만난 사람들을 위해 글을 쓰고 있었다. 맞춤법도 띄어쓰기도 27년 전에 멈춰 있는 글이 왜 이렇게 울렁일까. 나도 이렇게 말하고 싶은 것이다. '진짜 글쟁이가 나타났다.'"

글을 마무리하면서 고백하자면, 박명균과 나는 같은 조기축구회 회원이다. 일주일에 한 번씩 만나 축구를 하면서도 사실 이 책을 읽기 전까지 명균이가 어떤 사람인지 몰랐다. 다음 주 일요일 운동장에서 명균이를 만나면 다른 사람처럼 보일 것 같다. 명균이한테 전화가 왔다. 나는 '고문'이라는 '우스운' 직함으로 불린다. 있어도 되고 없어도 되는 '깍두기'라는 뜻이다.

"고문님, 이번 주 운동장 나오실 거죠?"

청소년 문학, 왜 어른도 읽어야 하나?

⌣

58년 개띠 진도생
『나와 청소년문학 20년』

『나와 청소년문학 20년』(박상률, 학교도서관저널, 2016). 저자 박상
률은 청소년문학에 20년 동안 몸과 마음을 담은 분이다. 책날개
에 나온 소개 글을 보니 재미있다. "사람보다 개가 더 유명한 진
도에서 '58년 개띠' 해에 태어나 자랐다."

이 책은 월간 〈학교도서관저널〉에 연재한 글을 묶은 책이다.
첫 부분에서는 청소년소설 『봄바람』이 나온 뒤 '처음 10년은 외
로웠지만 점점 외롭지 않게 된 10년'을 돌아본다. 혼자서 청소년
문학을 감당했던 저자는 요즘 다른 작가들이 청소년문학에 관심
을 많이 두어 '감개무량'할 정도라고 하면서, 청소년 소설의 영역
을 확장시킨 작가들, 자신만의 색깔을 지닌 작가들의 책을 돌아
본다.

청소년문학이 이렇게 많았나? 할 정도로 내가 안 본 책이 많
다. 『합체』, 『내 청춘 시속 370km』는 표지만 눈에 익었다. 『열일
곱 살의 털』, 『완득이』는 재미있게 봤던 기억이 난다. 저자는 청
소년문학의 물꼬를 튼 『봄바람』과 『개님전』을 쓰게 된 과정과 내
용을 들려준다. 『봄바람』은 세간에서 회고조니 옛날이야기니 하

는 말을 많이 들었는데, 저자는 소설에 보편적인 것이 들어 있으면 그만이지, 옛날이야기 오늘 이야기가 따로 있냐고 일갈한다.

『개님전』은 「개 안부」라는 시에서 나온 소설인데 시가 재미있다. 아들과 서울에서 고향 진도까지 걸어가는 길에 일어난 일을 묘사한 시다. 중간에 들른 식당에서 운전기사들이 밥 먹다 말고 묻고 박상률이 대답한다.

이 눈 속에 어디까지 가시는 길이유?
진도까지 갑니다.
아, 거시기 진도개 유명한 디 말이유?
예.
지금도 거기 진도개 많슈?
예.

저자는 그이들과 대화를 나누다가 며칠째 기다리는 고향집이 생각나 안부 전화를 넣었는데 어머니는 "내사 뭔 일 있었냐만 노랑이가 속 쎄긴다." 하면서 '이녁 안부는 뒷전이고 개 안부만 길게 전한다.'는 시를 읽으면서 사람 안부는 안 묻고 개 안부만 묻는 게 우스웠다.

저자는 문학, 교육, 정치, 군대, 가족, 학벌주의 등 다양한 주제에 관한 생각도 풀어놓는다. 그중에 사람들이 학번에 집착하는 행태를 비판한 '학번이 어떻게 되시나요'는 속이 시원했다. 나 또한 그런 질문을 많이 받았다. 내가 2005년에 버스 현장을 떠나 〈작은책〉 출판사로 왔을 때 만난 사람들은 거의 나보고 "학번이 어떻게 되시나요?" 하고 물었다. 초등학교를 졸업하고 검정고시로 건너뛰어 고등학교를 중퇴한 나한테 '학번'을 물으니 참 이상했다. '아니, 대학 안 나온 사람한테 그렇게 물어도 되나?' 하고 열이 받기도 했다.

저자는 대학이 교육 정책의 전부인 현실도 비판한다. 특히 서울대 틀에 갇혀 있는 현실은 다들 제정신이 아니라고 한다. 대학 입시를 위한 정답 찾기 책만 읽을 게 아니라 여러 가지 생각을 할 수 있는 책도 읽어야 한다고 강조한다.

"학교를 끊어 버리면 간단한데 그러면 큰일 나는 줄 알아요. … 자신이 하고 싶은 게 뭔지 알게 된 아이들은 굳이 학교에 얽매일 필요가 없어요. 그걸 발견하게 해 주는 것이 바로 문학의 역할 같습니다."

저자는 우리가 처한 현실에 대해서 가슴 아파한다. 어린 시절 겪었던 광주항쟁과 더불어 세월호 참사는 마음속에서 결코 떠나보낼 수 없는 아픈 역사로 기록한다. 세월호가 고향 진도 앞바다에 가라앉은 뒤 다른 작품을 못 쓰고, 오로지 세월호 이야기만 썼다.

저자는 정치꾼이나 학자들이 입만 열면 인문학의 위기를 들먹이는 세태도 비판한다. "문학, 철학, 사학, 사회학, 심리학, 정치학, 종교학 등이 저마다 수많은 이론을 갖다 붙이며 학문을 아주 어렵게 만들어 버린 것이 되레 사람들을 인문학에서 멀어지게 했는지 모른다"고 역설했다. 저자가 생각하는 인문학은 쉽고 명쾌하다. '벌거벗은 임금님을 벌거벗었다고 말하는 것'이 인문학의 첫 걸음이라고 말한다.

"인문학을 살리고 싶다면 세상을 있는 그대로 보고 경이로움을 느끼는 동심, 새로운 어휘와 세계를 창조할 줄 아는 동심, 이런 동심을 회복해야 인문학도 살아날 것이다."

저자는 어른들에게 청소년 소설을 권하는 이유를 제시한다. 무엇보다도 어른의 문제가 곧 아이들 문제이기도 하기 때문이라고 강조했다. 깊이 공감한다. 저자 말대로 나도 청소년 시절을 잊어버렸다. 그러니 "우리 클 때는 안 그랬어" 하고 잔소리만 늘어놓게 되는가 보다.

이 책을 읽고, 내가 읽어야 할, 이 책에 소개한 청소년문학 책 목록을 적어봤다. 너무 많다. 일단 박상률이 쓴 『봄바람』, 『개님전』, 『밥이 끓는 시간』부터 사 봐야겠다. 이런 책들을 다 읽으면 꼰대 소리 좀 덜 들으려나. 아니 청소년들을 조금이라도 이해할 수 있으려나.

민주 세상에 가까워지는 우리말

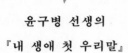

윤구병 선생의
『내 생애 첫 우리말』

변산공동체를 설립하고 보리출판사 대표로서 『보리 국어사전』을 펴낸 윤구병 선생이 우리말에 관한 책을 펴냈다. 천년의상상 출판사에서 나온 『내 생애 첫 우리말』(윤구병, 천년의상상, 2016). 2011년 5월부터 12월까지 윤구병 선생은 '우리글말 바로 쓰기 강좌'를 열어 예닐곱 사람과 우리말을 공부했는데 그때 주고받던 말들을 정리하고 내용을 더 보태 책으로 묶었다. 윤구병 선생이 한 말투 그대로 실어 선생과 마주앉아 이야기를 듣는 느낌이다.

윤구병 선생은 이 책에서 우리 신화를 순수한 우리말로 풀어 놓는다. 오누이의 엄마가 마을 잔치 일을 거들다가 해질 무렵이 되어서야 일을 마치고 떡을 얻어 집에 돌아가다가 "떡 하나 주면 안 잡아먹지" 하는 호랑이한테 결국은 잡아먹힌다는 이야기. 「해와 달이 된 오누이」는 우리가 알던 신화를 뿌리째 뒤흔들어 놓는다. 윤구병 선생은, 그 신화에 나오는 '호랑虎狼'이라는 말이 이 땅에 들어오기 전에 생긴 '신화'이니 호랑이가 아니라 '범'이라는 우리말로 해석한다. 그리고 중세 기록에 범을 밤이라고 쓴 사례를 들면서 범을 (깜깜한) 밤으로 바꿔 해석한다.

"호랑이라고 하고 이야기를 풀어 가면 잔혹하기만 해. 팔 떼고 다리 떼고 마지막에는 흔적도 없이 잡아먹어버리잖아. 그런데 그걸 밤이라고 하면 전혀 달라져. 해석의 여지가 훨씬 더 늘어나고."

오누이 엄마는 범한테 떡을 빼앗기면서 목숨을 잃는 게 아니라 깜깜한 밤에 집으로 오다가 길을 잃고 넘어지면서 떡을 땅에 떨어뜨려 하나씩 하나씩 잃는다는 내용이라고 한다. 오누이는 등잔불을 켜놓고 엄마를 기다리다가 기름이 떨어져 깜깜한 밤이 방 안으로 들어오면서 나무 위로 올라가는데 그 나무는 목숨을 살리는 생명수를 상징한다. 또 하늘에서 내려오는 동아줄도 삶으로 이어주는 생명줄이다. 오누이는 그 생명줄을 타고 하늘로 올라가 해와 달이 된다. 해와 달은 어둠을 물리치고 이것과 저것을 가려 볼 수 있게 한다. 윤구병 선생은 그 신화는 호랑이가 엄마를 잡아먹는 잔혹한 신화가 아니라 해와 달이 어떻게 해서 태어났는가를 이야기하는 신화라고 말한다.

"전 세계 신화를 보면 대체로 달의 신은 여신이고 해의 신은 남신이다. 모계사회의 신화를 부계사회의 신화가 완전히 뒤집어서 중요한 신은 다 남신으로 바꾼 것이다. 그런데 「해와 달이 된 오누이」에서는 오히려 해의 신이 여신이고 달의 신이 남신이다. 이런 점에서 「해와 달이 된 오누이」는 모계사회의 전통이 또렷이 남아 있는 신화라고 할 수 있다."

윤구병 선생은 삼국유사에 실려 있는 박혁거세의 신화도 다르게 해석한다. '박혁거세'를 '불거내'라고도 했는데, 이 불거내에서 '거내'가 함경도 말에 있는 '간나'에서 온 말로 박혁거세가 여왕이었을 가능성이 크다고 본다. 또 신라의 3대 왕인 유리 이사금에서 '유리'는 '누리', 곧 땅에서 나온 말로 유리 이사금도 남자가 아니었을 가능성이 크다고 했다. 이사금은 'ㅏ' 자가 탈락하면서 '잇검'이 되고 '검'이 금으로 바뀌어, '잇'의 'ㅅ'이 'ㅁ'자로 바뀌어서 '임금'으로 바뀐 것이다. 이렇게 여자 중심이었던 세상이 뒤에 남자 중심의 세계로 바뀌었기 때문에 단군왕검부터 남자로 보는 역사가 계속되는데, 우리말의 뿌리를 찾아서 우리말로 역사를 재구성할 수 있는 길을 찾아야 한다고 강조한다.

이 책은 신화뿐만이 아니라 역사와 문화, 철학도 우리말을 중심으로 풀어놓는다. 윤 선생은 특히 인문학에서 우리말이 거의 보이지 않고 영미나 유럽의 말을 그대로 옮기거나 일본식 한자말 투성이라고 비판한다. 땅은 대지로, 풀밭은 초원으로, 배움은 학습으로, 얼개는 구조로, 이야기는 담론으로 바뀌었다. 결국 이런 말은 힘센 사람들의 말이고 먹물들의 말이기 때문에 멀쩡한 사람을 귀머거리로, 소경으로 만들고 있다는 것이다.

"문명화된 힘센 사람들이 들여온 더 힘센 말이 대대로 애써 가꾸고 지켜왔던 알아듣기 쉽고, 듣기 좋고, 자연과 가까운 우리말을 더럽혀왔고, 그 뒤로도 말이 아니라 글을 앞세우는, 머리만 키운 사람들이 여기저기 밖에서 끌어들인 온갖 되지 않은 말들이 우리 귀를 막고 눈멀게 만들었어."

윤 선생이 우리말을 되찾아야 한다고 강조하는 이유는 민주 세상을 되찾기 위해서다.

"우리말을 되찾고자 하는 것은 맑은 핏줄을 지키자는 뜻에서 나온 게 아니야. 배달겨레, 단일민족 그런 거 아니거든. 어린아이들도 알아듣고 학교 못 간 노인네들도 알아들을 수 있는 말, 우리 삶에 꼭 필요한 정보를 주고받을 수 있고, 우스갯소리도 나눌 수 있는 쉬운 우리말을 찾아야 민주 세상에 가까워지지."

이 책은 옛날이야기처럼 재미있게 읽힌다. 윤 선생과 마주앉아 막걸리 한 잔 먹으면서 '썰' 푸는 걸 들을 때가 가끔 있었는데, 책을 읽으면서 그런 느낌이 들었다. 윤 선생을 아직 못 만나신 분들, 상에 막걸리나 맥주 한 잔 올려놓고 책을 읽어보시기를.

"내 글에서는 땀 냄새가 납니다"

에릭 호퍼
『부두에서 일하며 사색하며』
『시작과 변화를 바라보며』
『우리 시대를 살아가며』

지방에 강연을 가면서 차 안에서 책 세 권을 읽었다. 『부두에서 일하며 사색하며』(에릭 호퍼, 정지호 옮김, 동녘, 2012), 『시작과 변화를 바라보며』(에릭 호퍼, 정지호 옮김, 동녘, 2012), 『우리 시대를 살아가며』(에릭 호퍼, 정지호 옮김, 동녘, 2012). 모두 2012년에 동녘출판사에서 만든 에릭 호퍼의 책이다. 첫째 권은 쉰일곱 살의 에릭 호퍼가 부두에서 일하면서 1958년 6월부터 1959년 5월까지 쓴 일기다. 뒤의 두 권은 앞에 『부두에서 일하며 사색하며』에서 사색한 내용들이 점점 발전해가고 정리하는 과정을 보여준다.

에릭 호퍼란 이름은 들어 알고 있었지만 그이가 쓴 책을 읽기는 처음이다. 지식인이 경험을 하기 위하여 일을 한 것이 아니라 벌어먹고 살기 위해 일하면서 책을 냈다기에 마음이 끌렸다.

게다가 이력이 아주 특이했다. 호퍼가 어릴 때 어머니가 호퍼를 안고 계단에서 굴러 떨어지는 바람에 어머니는 2년 뒤에 사망하고 호퍼는 사고의 충격으로 실명했다. 그런데 열다섯 살 때 기적처럼 시력을 회복했다니 이런 사람도 다 있구나 생각했다. 에릭 호퍼는 그 때문에 공교육을 전혀 받지 못했고 또다시 눈이 보이지 않을까 하는 걱정에 닥치는 대로 책을 읽었다. 그렇게 책을 읽은 덕분에 에릭 호퍼의 독창적인 아포리즘이 탄생했다. 그리고 에릭 호퍼가 사망한 뒤 2001년 호퍼의 이름을 딴 '에릭 호퍼 문학상'도 제정됐다.

에릭 호퍼는 부두에서 일을 하면서 늘 독서를 하고, 사색했다. 일기를 쓴 날짜를 보니 3일에 한 권, 최소 일주일에 한 권을 읽었다. 어떻게 그렇게 힘든 노동을 하면서 책을 빨리 읽을 수 있을까. 게다가 일을 하면서도 늘 생각을 했다. 이를테면 마빈 칼브의 책을 읽고 "20세기의 극악무도한 범죄는 악착같이 돈을 긁어모으는 자본주의자가 아닌 외골수 이상주의자들이 저질렀다"라는 생각이 꼬리를 문다.

자유와 권력의 상반성에 대해서 생각하기도 한다. 권력에 대한 욕망은 기본적으로 '가지지 못한 자'의 속성이라고 결론 내린다. 예를 들면 히틀러에게 진정한 예술가의 재능과 기질이 있었다면, 스탈린에게 일류 이론가가 될 만한 능력이 있었다면, 나폴레옹에게 위대한 시인이나 철학자의 소질이 있었다면, 이들 모두 절대 권력에 온 힘을 다해 매달리지 않았을 것이라고 한다. 이 글을 읽고 우리나라 박정희나 전두환 같은 독재자들이 생각났다. 이들에게도 이 가운데 한 가지만 가지고 있었어도 그런 절대 권력을 잡고 휘두르려고 하지 않았을 텐데 하는 생각이 들었다.

1960년대에 호퍼는 어릴 때부터 독서하는 습관은 몸에 배었지만 글은 쓰지 못했다고 했다. 글을 쓰게 된 계기는 『미셸 몽테

뉴 에세이집』이었다. 1936년 네바다 시티 근처로 사금을 채취하러 가던 중에 뭔가 읽을거리를 찾던 중에 산 책이었다. 에릭 호퍼는 눈 때문에 발이 묶인 동안 이 책을 거의 외울 정도로 세 번 되풀이해서 읽은 뒤 글을 쓰기 시작했다.

에릭 호퍼는 생각이 독특하다. 이를테면 인간이 만물의 영장으로 올라서는 데 결정적인 역할을 한 기술이나 관습의 뿌리는 대개 놀이라고 한다. 실용적으로 쓰이는 도구는 거의 다 실용성과는 관계가 없는 행위를 하거나 여가를 즐기는 과정에서 탄생했다는 것이다. 에릭 호퍼의 말이다.

"인간은 단순히 살고 죽는 문제와 관련 없는 대상에 에너지를 쏟고 심지어 인생을 걸 때 인간 고유의 모습으로 다시 태어나고 창의적인 역량을 한껏 발휘하게 된다. 따라서 진정한 인간화는 자연 환경이 풍부하고 여가가 보장되며 뭔가 만지작거리고 노는 활동에 재미를 느낄 때 실현되었다고 보는 것이 합당하다. 인간의 승격은 황량한 전쟁터보다는 에덴동산 같은 놀이터에서 이루어졌다."

그렇다면 오로지 자본가들의 욕심 때문에 먹고살기 위한 노동으로 여가가 없는 우리 사회는 창의적인 역량을 발휘할 수 없는 사회라는 말이다.

에릭 호퍼의 글에서 고개를 갸우뚱하게 하는 부분도 있다. 그이는 한 나라가 국민에게 자유를 허용하려면 우선 부를 충분히 쌓아야 한다고 결론을 내리는데 선뜻 이해가 되지 않는다. 그렇다면 우리나라가 현재 국민소득 2만 달러일 정도로 충분한 부를 쌓았는데도 자유가 없다는 건 어떻게 설명할까. 아니, 에릭 호퍼가 살아 있다면 우리나라는 자유가 있다고 생각할까, 없다고 생각할까? 우리나라의 자유는 부자들만의 자유 아닌가.

에릭 호퍼는 또 미국 흑인이 협동과 자립을 담당할 조직적인 진정한 공동체를 만들 만한 역량이 있는지 의문이고, 미국 흑인이 미국에서 소외되고 있다는 주장도 터무니없다고 생각한다고 했다. 그 당시 미국 사회를 정확히 이해하지 못하는 나로서는 그 부분도 선뜻 다가오지 않았다.

에릭 호퍼는 지나간 대부분의 시대에서 역사적 사건의 주체가 미성년자라는 사실에 주목한다. 가장 오래된 공동묘지에서 유골의 나이를 조사한 결과 고대 인간의 평균 수명이 25세였다.

"신석기 시대의 중요한 발견과 발명, 예를 들어 가축 사육, 농경, 바퀴·돛·쟁기의 발명, 관개, 발효, 야금술의 발견은 거의 모두 어린아이라고 볼 수 있는 사람들의 작품이며, 아마도 모두 놀이를 하는 과정에서 발견과 발명이 이루어졌을 거라고 보는 편이 신빙성이 있다."

에릭 호퍼는 '역사를 좀 더 거슬러 올라가도 무대에 등장하는 주연 배우가 미성년자들'이었다고 한다. 13세에 결혼하고, 10대에 전쟁터에서 전사와 장수로 활약하고, 35세나 40살에는 이미 노인이 됐다는 것이다. 그 글을 읽으면서 얼마 전 귀농운동본부에서 간디학교 교장인 양희창 선생이 한 말이 생각났다. 남녀공학이 아이들의 성 부분에서 타락하지 않을까 하고 수강생이 질문했는데 양희창 선생은 아이들이 서로 가족 같아서 그런 일은 없었다고 대답한 뒤, "그런데 저도 조물주가 왜 16세 청소년들에게 성욕이 가장 활발하게 만들었는지는 궁금합니다" 하고 우스갯소리를 했다. 그래, 16세면 이미 어른이라는 증거다. 그런데 우리나라는 19세까지도 선거권을 주지 않는다. 한번 생각해볼 일이다.

에릭 호퍼는 기계의 자동화를 보면서 같이 일해온 동료들이 거의 순식간에 쓸모없어지고 불필요한 존재가 될 것 같은 불길한 예감에 사로잡힌다. 1963년에 자동화로 이미 4만 개의 일자리가 사라졌다고 걱정한다. 실제로 현대 사회는 모든 게 자동화로 변하는 사회로 가고 있다. 우리나라도 실직자와, 회사가 금방 해고할 수 있는 비정규직이 늘어나고 있다. 어떻게 하면 좋을까.

에릭 호퍼의 책을 보면 '독서'와 '사색'이 얼마나 창의적이고 독창적인 생각의 흐름으로 발전하는지 깨달을 수 있다. 옮긴이의 말에 따르면, 호퍼의 인생 기록이 풍부해진 건 캘리포니아에 정착한 뒤 부두노동자가 되고 난 이후였다. 호퍼는 1978년, 『안식일 전에』를 탈고한 직후, 인터뷰에서 "내 글에서는 땀 냄새가 납니다"라고 했다. 땀 냄새가 나는 글. 가난한 노동자들을 억압하는 우리나라는 이런 땀 냄새가 나는 책이 별로 나오지 않는다.

그런데 어떻게 그 힘든 부두 노동을 하면서 이런 생각을 하고 글을 썼는지 놀랍다. 에릭 호퍼는 "나에게 글쓰기란 사이사이 짬을 내서 하는 일이다. 글을 수정할 때는 다르지만 초고는 분주하게 일하면서 쓴다"고 했다. 나도 버스 운전을 할 때 신호대기에 서 있을 때나 길이 막혔을 때 글을 써서 책을 냈지만 에릭 호퍼에 견줄 바가 아니다. 게다가 나 같은 평범한 사람과는 다른 그 깊이 있는 철학이란…. 어릴 때부터 책을 많이 볼 걸 하는 생각과 함께, "아니야, 아직 늦지 않았어" 하는 생각이 동시에 든다. 독자님들도 늦지 않았으니 이 책부터 사 보시기를.

일하는 사람들이 글을 써야
사회가 바뀐다

왜 『삐딱한 글쓰기』인가?

내가 글을 쓰게 된 동기는 우연이자 필연이었다. 1996년 무렵 버스 노동자로 일할 때 시내버스 현장의 열악한 사정을 글로 써서 꼭 고발하고 싶었다. 해마다 파업을 하는데 정부와 회사, 어용 노동조합과 짜고 하는 파업이었다. 언젠가는 그걸 꼭 글로 써서 고발하리라 생각했다. 그건 필연이었다. 그렇게 글을 쓰고 싶을 때 '일하는 사람들의 글 모음' 월간 〈작은책〉을 봤고, 이오덕 선생님을 만난 건 우연이었다. 이오덕 선생님은 나한테 '일하는 사람이 글을 써야 한다'고 말했다. 나는 그때부터 글을 썼다. 그리고 2006년에 『거꾸로 가는 시내버스』라는 책을 냈다. 바로 그전 해부터 나는 버스 운전 일을 그만두면서 월간 〈작은책〉 편집장으로 일하기 시작했다.

〈작은책〉을 만들면서, 글을 쓰고 글쓰기 강연을 다니면서 글을 더욱 잘 쓰고, 잘 가르치는 방법을 알고 싶었다. 나같이 현장에서 일하는 사람들이 글을 쉽게 쓸 수 있는 방법이 없을까 고민했다. 그래서 글쓰기 책마다 나오는 족족 사들였다. 그러다 보니 모은 글쓰기 책이 7백 권이나 됐다. 하지만 마음에 드는 글쓰기 책은 많지 않았고 '쓰는 글'이 아니라 '짓는 글'을 가르치는 책이 많아 별 도움이 되지 않았다. 또한 글 잘 쓰는 비법도 없었다. 많이 읽고 많이 생각하고 많이 써보는 게 글 잘 쓰는 비법이라면 비법이었다. 나 같은 경험을 가진 사람이 쓴 책은 한 권도 없었다.

그러던 중 월간 〈작은책〉에 '안건모의 삐딱한 글쓰기'라는 꼭지를 만들어 연재하기 시작했다. 내가 그동안 글을 쓰면서 초보자로서 어려웠던 경험과 시민단체 등 여러 군데에서 강연했던 내용을 작은책 독자들에게 보여주고 글을 쓰는 비결을 알려주고 싶었다. 이렇게 말하면 내가 쓴 책은 무슨 특별한 비결이라도 있는 것처럼 보일지도 모른다. 하지만 나 역시 단번에 글 잘 쓰는 비결은 없다. 다만 나만이 겪은 아주 특별한 경험이 있다. 글을 전혀 못 쓰던 사람이 단번에 글을 쓰게 된 경험. 살아 있는 글이 어떤 글이라는 걸 깨닫자마자 글이 나오기 시작한 그 경험이 있다.

『삐딱한 글쓰기』(안건모, 보리, 2014) 책은 그런 내용을 묶어 펴낸 책이다. 이 책이 나온 것도 우연이자 필연이었다. 글을 쓴 지 18년, 글쓰기 강연한 지 10여 년, 〈작은책〉에 글쓰기를 연재한 지 3년째 되는 해에 이 책이 나왔다. 나처럼 글쓰기를 두려워하는 분들이 글을 어떻게 시작해야 하는지, 글을 왜 써야 하는지, 어떤 글을 써야 하는지를 깨달을 수 있다. 그리고 글쓰기 수강생들이 쓴 글을 고친 예문들이 있다. 독자들은 초보자들 글이 왜 어색한지, 어떻게 고치는지 알게 될 것이다. 그런데 궁금해하는 사람들이 있다. 책 제목이 왜 '삐딱한 글쓰기'인가.

"안쌤 글은 무지 용감하고 진실한데 책 제목을 우째 삐딱하게 정했나요?"

나하고 친한 이가 내가 쓴 책 『삐딱한 글쓰기』를 보고 우스갯소리로 페이스북 메시지에 남긴 글이다. 사실 제목을 이렇게 삐딱하게 쓰면 책이 많이 팔리지 않는다는 걸 알고 있다. '성공하는 글쓰기', '단숨에 배우는 글쓰기', '누구나 쓰는 글쓰기' 등등. 이런 반듯하고 독자들을 유혹하는 제목을 지어야 글쓰기 책이 많이 팔린다는 건 상식이다. 하지만 나는 '삐딱한 글쓰기'라는 제목으로 책이 나오기를 바랐다. 이 제목이 내가 쓴 의도와 딱 맞아떨어지기 때문이다.

내가 '삐딱한 글쓰기'를 강조한 건 세상이 삐딱하기 때문이다. 역사를 되돌아보자. 우리나라가 해방된 뒤 처벌을 받아야 할 친일파들이 다시 정권을 잡아 역사를 왜곡했다. 이승만은 전쟁광 미국이 '한국의 자유를 지켜준 세계의 경찰국가'라는 기가 막히는 억지 신화를 세뇌시켰고 박정희는 이북을 '뿔 달린 돼지가 사는 나라'라는 반공 논리로 독재 정권을 이어나갔다. 전두환은 광주 시민을 빨갱이로 몰고 학살하면서 정권을 잡았고, 이명박은 BBK 사기로 부정축재하면서, 사대강 사업으로 자연을 다 망쳐버렸다. 박근혜는 국정원을 앞세워 여론 조작으로 당선된 뒤, 천진난만한 학생들 300여 명을 살해한 '세월호 학살'을 '교통사고'로 왜곡할 정도로 기본 소양이 없다. 그런 자들이 판을 치는 나라에 기본 인권을 무시당하는 비정규직이 900만 명이나 된다. 『삐딱한 글쓰기』 제목은 그렇게 해서 나왔다.

그런데 이 책 내용이 정말 그렇게 삐딱하기만 할까? '민주사회를 위한 변호사 모임' 부회장인 정연순 변호사는 내 책을 읽고 쓴 서평에서 이렇게 정리했다.

"이 책은 삐딱한 글쓰기라고 되어 있지만, 전혀 그렇지 않다. 왜 누구나(사람이라면) 글을 써야 하고 어떻게 글을 써야 하는지를 본인의 삶과 보기글을 들어가며 친절하게 가르쳐준다."

우연과 필연으로 나온 이 『삐딱한 글쓰기』를 보고 '일하는 사람들'이 글을 써서 조금이라도 정의로운 사회가 됐으면 하는 게 내 바람이다.

"혼탁한 국어를 바로잡기 위한
마지막 무기"

프로포폴 어법 탈출
『보리 국어 바로쓰기 사전』

전봇대에 붙어 있는 전단지에 이런 글귀가 쓰여 있다.

'강아지를 찾습니다. 애완견 육구 시타리아.'

'육구 시타리아'는 '요크셔테리어'를 뜻하는 거겠지. 아마도 나이 많은 분이 잘 모르고 쓴 듯싶다. 이 정도는 애교로 봐줄 수 있다. 하지만 최소한 병원 같은 데서 하는 광고는 맞춤법에 어긋나면 안 된다. 어떤 마을버스 옆면에 붙어 있는 성형외과 광고는 보기에 민망하다.

'쟤 어디서 했데? 성형외과의원'.

이 광고를 본 어떤 이가 말했다.

"저 병원에서는 절대로 성형을 하면 안 되겠다. 맞춤법도 모르는 성형외과에서 얼굴을 제대로 고칠 수 있을까?"

짧은 문장에 맞춤법이 두 개나 틀렸다. 뭐가 틀렸을까? '쟤'와 '했데'다. '쟤'는 '쟤', '했데'는 '했대'로 써야 한다.

'저 아이'의 준말이 '쟤'라는 건 누구나 안다. 그런데 '했데'와 '했대'는 헷갈리는 사람이 많다. 그럴 때 낱말을 찾아보고 우리말

어법에 맞는지 확인할 수 있는 사전이 나왔다. 보리 출판사에서 나온 『보리 국어 바로쓰기 사전』(남영신, 보리, 2017)이다. 바른 우리 말글을 쓰기 위해 평생을 앞장서서 일해온 남영신 선생은 "혼탁한 국어를 바로잡기 위한 마지막 무기"로 이 사전을 만들었다고 했다.

이 사전은 우리가 흔히 보는 국어사전이 아니다. 글을 쓸 때 자주 틀리는 낱말이나 문장을 바르게 사용하는 데 초점을 맞췄다. 위에 나오는 '했데'가 맞는지 '했대'가 맞는지 알아보려면 이 사전에서 '대'를 찾아보면 금방 알 수 있다. '대'는 '어떤 사실에 대하여 놀라거나 못마땅하게 여기는 뜻을 섞어 의문을 나타내는 말'과 '-다고 해'가 줄어든 말이라고 나와 있다. 그 밑에는 사람들이 헷갈려 하는 어미 '-데' 설명이 따라 나온다. '-데'는 자기가 보고 들은 내용을 설명할 때 쓰는 어미이다. '(내가 보았는데) 신랑이 정말 잘생겼데' 하는 예문을 보면 금방 이해가 된다.

물론 인터넷 사전에서 찾아봐도 '대'에 관한 내용은 나온다. 하지만 인터넷 사전에서는 '대'와 '데' 항목을 따로 찾아야 한다. 게다가 '대' 항목에는 스무 가지가 넘게 나와 있어 오히려 찾기가 쉽지 않다. 반면에 이 사전은 글을 쓰는 사람들이 흔히 틀리는 낱말만 골라 정확한 정보를 주고 있다. 그동안 내가 이런 사전은 안 나오나 하고 기대하고 고대했는데 소리 소문 없이 "짠" 하고 나타났다.

몇 가지만 더 살펴보자. 넷이나 다섯쯤을 가리킬 때 쓰는 '너 댓'은 맞는 말일까? '우겨넣다'는 맞는 말일까? '임마'가 맞을까 '인마'가 맞을까? '담그다'가 맞을까 '담구다'가 맞을까. '왠지'가 맞을까 '웬지'가 맞을까. 이렇게 우리가 흔히 틀리는 낱말도 표제어로 올려놓아 찾기가 쉽다. 그동안 인터넷 사전에서 검색해서 제대로 쓰기는 썼지만 외어지지 않아 쓸 때마다 긴가민가했는데, 이런 종이 사전으로 보게 되면 절대로 잊지 않을 수 있겠다.

이 사전이 좋은 점은 또 편집이 잘돼 있다는 점이다. 흔히 사전이라면 작은 글씨가 빽빽해 보기 힘든 책을 연상하는데 이 사전은 다르다. 특히 올림말은 글자가 커서 찾기도 쉽다. 또한 조사와 어미를 정확하게 쓸 수 있도록 그와 관련된 정보도 뒤에 따로 실려 있다. 또 용언의 활용 정보와 용언 활용표, 바른 문장을 구성하기 위한 문법 정보도 빠뜨리지 않았다. 맨 뒤에는 '찾아보기' 항목도 있어 인터넷 검색 못지않게 빠르게 찾을 수 있다는 점도 이 책의 장점이다. 글을 쓸 때나 교정교열을 볼 때나 어떤 책을 볼 때나 이 『보리 국어 바로쓰기 사전』은 내 옆에 꼭 있어야 할 책이다.

글쓰기를 배우는 데 꼭 필요한 책이 또 한 권 있다. 박근혜의 말을 해부한 책, 『박근혜의 말』(최종희, 원더박스, 2016)이다. 우리말 연구자인 최종희가 박근혜의 괴상망측한 어법에 관심을 갖고 그 뿌리를 찾아 쓴 책이다. 박근혜 어법을 파악하는 것만으로 글쓰기에 도움이 될 터이다. 비정상적인 한국 정치의 민낯을 들여다볼 수 있는 효과는 덤이다.

저자는 박근혜 어법을 여섯 가지로 나눈다. 1.오발탄 어법, 2.영매 어법, 3.불통 군왕 어법, 4.피노키오 공주 어법, 5.유체이탈 어법, 6.전화통 싸움닭 어법 등이다. 그중 몇 가지만 예를 들자. "솔선을 수범해서", "어떻게 하면 이산화가스, 산소가스를 배출하는 데, 그… 심각한 문제라고 생각합니다.", "지하 경제 활성화".

'솔선을 수범해서'라는 말은 '인수를 분해하고'라는 말처럼 엉터리이다. 이산화가스는 이 세상에 없다. 또 산소는 가스가 아니다. 지하 경제 활성화는 말실수가 아니라 무식해서 나온 말이다.

저자는 이런 박근혜 어법을 여섯 가지로 나누었지만 나는 단 한 가지로 정리한다. 박근혜 어법은 프로포폴 어법이다.

"작가는 오로지
진실만을 말해야 하는 존재"

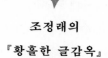

조정래의
『황홀한 글감옥』

시사저널에서 일하던 기자들이 참언론을 위해 〈시사인〉이라는 주간지를 만들었다. 그 시사인에서 출판사를 차렸다. 그 출판사를 위해 한여름 더위를 무릅쓰고 펜을 들었다는 조정래 선생. 그렇게 해서 나온 책이 『황홀한 글감옥』(조정래, 시사인북, 2009)이다. 한 출판사를 위해 쓴 책이라지만 이 책은 조정래 선생의 문학 인생 40년을 들여다볼 수 있는 깊이 있는 책이다.

책은 시사인 인턴기자 희망자들이 조정래 선생한테 글로 보낸 질문에 대답을 하는 형식인데, 강연이 끝난 뒤 그 자리에서 청중이 묻고 선생이 대답한다. 그 대답이 얼마나 똑 부러지고 확고한지 놀랍다. 이를테면 "예, 중요한 질문입니다. 결론부터 말하자면 그 대답은 이렇습니다." 이렇게 나온다. 글쓰기에서 두괄식의 전형을 보는 듯하다. 여느 지식인들처럼 말을 빙빙 돌리지 않는다. "책이 그렇게 많이 팔릴 줄 예상하셨습니까?" 하고 물으면 '뭐, 먹고살 만큼 팔렸습니다'가 아니라 "2백 쇄를 돌파하면서 7백만 부"가 팔렸다고 대답한다. '문학과 역사의 상관관계'를 묻는 질문에도 돌려 말하지 않는다. 외국의 어느 평론가 말을 빌려 "역사를 포괄하지 않고는 대작을 탄생시킬 수 없다"고 잘라 말한다.

나는 이 책을 읽으면서 계속 밑줄을 그으면서 읽었다. 내가 궁금했던 것들을 조정래 선생은 단 한마디 말로 술술 풀어주었기 때문이다. 몇 가지만 말하자면 다음과 같다.

"역사는 인간이 살아온 이야기이되, 기록해야 할 필요가 있는 것만 간추려 엮어 놓은 기록이다", "소설은 인간에 대한 총체적 탐구다", "이 세상에 있는 모든 작품은 그 작품을 있게 한 모국어의 자식들이다", "문학은 언어와의 싸움", "하나의 사물을 묘사하는 데 꼭 맞는 단어는 하나밖에 없다."

이렇게 쉽고 명료하게 정리한 말은 이 책 끝까지 나온다. 위 말들은 일부분에 지나지 않는다.

조정래 선생은 이 책에서 문학뿐만이 아니라 당신이 살아가는 이야기도 거침이 없이 풀어놓았다. "어떤 남편, 어떤 아버지, 어떤 시아버지 어떤 할아버지신지요" 하는 질문에도 솔직하게 대답한다. 느닷없이 소리를 지르는 못된 버릇도 이야기한다. 아내 칭찬은 도가 지나칠 정도이다. "내 소설 절반은 아내가 쓴 것이나 마찬가지다." 하고 잘라 말한다. 아내가 동국대 국문과 통합 문학서클 '동국문학회'의 최초의 여학생 회장이었던 시절, 호시탐탐 그 여학생을 노리던 선배 남학생들을 제치고 '꼬셨던 이야기'는 '인간 승리(?)'를 보는 듯하다. 그때 그이에게 보냈던 선물은 조정래 선생이 손수 그린 링컨 그림이었다. 지금으로 말하면 '세밀화'인데 겨울방학 내내 "장편소설 20권은 읽을 수 있는 시간"을 보내면서 이마의 주름 하나를 묘사하기 위해 눈썹보다 더 가는 선들을 수백 번 그렸다고 한다. 그 그림은 2003년 김제에 세운 '아리랑' 문학관에 있다는데 거기까지 갈 필요 없이 이 책 뒤표지 안쪽을 보면 된다. 헉, 이게 그림이었어? 깜짝 놀랄 정도이다.

이 책에서 가장 감동 깊은 장면도 아내 이야기였다. 태백산맥을 쓸 무렵은 폭압 정치의 최고점에 다다랐던 1983년. 서울대학교 법대 교수도 잡아다 죽이고, 이미 신문에 난 사실을 술 취해 얘기했다가 잡혀 들어가 초죽음이 되던 시절이었다. 선생은 태백산맥 연재 3회분을 써나가다 불안감이 점점 커졌다. 아내에게 미리 말해 마음을 단단히 먹게 하는 것이 도리일 것 같아 위험에 처할지도 모른다고 어렵게 말을 꺼냈다. 아내는 한동안 말이 없다가 "작가가 쓰고 싶은 걸 못 쓰면 작가가 아니잖아요. 마음먹은 대로 써요" 하고 말했단다. 아내는 겁이 많은 분이었다는데 그 아내가 그렇게 믿음직스럽고 커 보일 때가 없었다고 회고한다. 나는 그 대목에서 가슴이 울컥했다. 그 아내는 이름만 대도 알 만한 유명한 시인이다. 누구인지 아시는가? 바로 「사랑굿」이라는 연작시를 쓴 김초혜 시인이다. 이분 시집이 왜 나한테 한 권도 없는지 내 무식함이 드러난다.

이 책을 읽으면 조정래 선생이 쓴 세 가지 대하소설, 『태백산맥』, 『아리랑』, 『한강』의 궁금증이 모두 풀린다. 이 세 작품을 관통하는 세 가지 공통점은 '역사의 주인이고 원동력인 민중의 발견, 민족의 비극인 분단과 민족의 비원인 통일의 자각, 민족의 현실을 망치고 미래를 어둡게 한 친일파 문제'라고 분명히 밝힌다. 『태백산맥』이 1994년 4월에 국가보안법으로 고발당한 뒤 2005년 5월에 무혐의 판정을 받기까지 험난한 과정도 드러나 있다.

선생은 그 책이 무혐의 판정을 받을 수 있었던 것을 '독자의 힘'이라고 공을 돌린다.

그런데 아쉬운 점도 있다. 대학교 때 조정래 선생의 '은사'였던 서정주와 박정희의 평가다. 친일파 문제는 여전히 우리 민족 전체를 옥죄는 문제이다. 서정주와 박정희는 친일파 중의 친일파이다. 그런데 책에서 서정주에 대한 비판은 없다. '한 송이 국화꽃을 피우기 위하여 봄부터 소쩍새는 그렇게 울었나 보다.' 이 한 줄의 시구로 민족어와 더불어 그 생명을 영구히 누린다고 했다. 박정희가 '국민 전체의 열망을 모아 경제 개발의 깃발을 들어 올렸다는 그 공적은 지워지지 않을' 거라고 평가했다. 동의할 수가 없다.

하지만 조정래 선생이 이 땅의 민중들에게 끼친 영향은 정말 컸다. 이 책에서 조정래 선생은 대하소설 세 편을 쓰고 가장 크게 느낀 보람은 독자들한테 다음과 같은 말을 들었을 때라고 했다.

'세상을 보는 눈이 달라졌다.'

그렇다. 내가 이 세상을 똑바로 볼 수 있게 만든 책도 선생이 쓴 『태백산맥』이었다. 왜 내가 극우 반공 사상에 물들어 살고 있었는지도 알았다. 전두환이 사령관이었던 그 보안사에서 근무하면서 정권에 충성했던 나는 그 책을 읽고 단박에 동굴 속에서 빠져나올 수 있었다. 역사책에서 배울 수 없었던 진실을 이 소설에서 배웠다. 전쟁광인 미국의 실체를 알았고, 해방 공간에서 머슴으로 살던 이 땅의 무지렁이들이 왜 빨치산이 되어 지리산에서 죽어갈 수밖에 없었는지를 알았다. 그래서 소설은 진실에 바탕을 두고 써야 한다.

어떤 이가 '소설은 꼭 진실을 써야 하는가' 하고 물었는데 조정래 선생 대답은 간단했다.

"모든 비인간적 불의에 저항하고, 올바른 인간의 길을 옹호해야 하는 작가는 오로지 진실만을 말해야 하는 존재입니다."

이래서 내가 조정래 선생의 소설을 좋아한다. 그런데 집에 가서 책꽂이를 보니 『태백산맥』과 『아리랑』은 있는데 『한강』이 없다. 이상하다. 내용은 아는데…. 아마 신문에서 연재한 것만 보고 책은 사지 않았나 보다. 헌책이라도 사서 다시 한 번 읽어봐야겠다. 또 돈 들어가게 생겼다. 아무리 없이 살아도 책값은 아깝지 않다. 집이 좁다고 책만 사 오면 지청구를 하는 아내 때문에 집에 몰래 책을 갖다 놓을 때가 가장 어렵다.

4장

만화의 힘, 예술의 힘

전쟁과 원폭,
그 잔인함과 어리석음을 고발한다

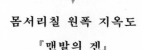

몸서리칠 원폭 지옥도

『맨발의 겐』

미국은 대체 왜 그렇게 다른 나라를 잡아먹지 못해 안달일까. 세계에서 가장 많이 핵을 보유하고도 모자라 남의 나라에 있는 핵은 무용지물이 되도록 미사일방어체제(MD: missile defence)를 갖추고, 그것도 모자라 남의 나라에까지 배치하려고 기를 쓰고 있으니 말이다. MD는 쉽게 말해서 러시아나 중국, 북한 등에 핵폭탄으로 선제공격한 뒤, 그 나라에서 반격하는 핵폭탄을 막겠다는 것이다. 그런 힘을 가지고 세력 균형을 깨트리고 세계를 쥐락펴락하고 싶은 것이다.(사드는 MD의 일종이다.)

1945년 8월 6일과 9일, 일본 히로시마와 나가사키에 터트린 핵폭탄 두 개만 가지고도 20여만 명이 죽어갔고 폭탄이 떨어진 지점에서 반경 2킬로미터까지 풀 한 포기 남지 않고 모든 것이 불에 타 없어지고 말았다. 그 뒤로 핵 개발을 계속했으니 지금의 핵 위력은 그때에 비하면 상상을 초월할 것이다.(미국과 중국, 러시아가 갖고 있는 핵만으로 지구를 멸망시킬 수 있을 정도다.)

나카자와 케이지가 지은 만화 『맨발의 겐』(나카자와 케이지, 김송이·이종욱 옮김, 아름드리미디어, 2011)은 핵이 얼마나 무섭고 잔인한지 보여준다. 원폭 투하 이후 묘사되는 도시의 모습은 지옥과 다를 바 없다. 몸이 녹아내리고 창자가 흘러내리는데도 걸어가는 모습, 죽은 엄마의 젖을 놓지 못하고 있는 아이, 몸이 뜨거워 우물 속으로 들어가 있는 모습, 가망 없다는 판단 아래 산 채로 소각장으로 실려 가는 모습은 우리가 상상할 수 있는 범위를 넘는다.

이런 모습들이 그저 상상으로 그려낸 게 아니라 작가의 경험에서 나왔다는 게 충격이다. 이 책의 작가 나카자와 케이지는 1938년, 히로시마 시에서 태어나 초등학교 1학년 때 원폭세례를 받은 원폭 피해자다. 저자는 '『맨발의 겐』이 나오기까지' 소개 글에서 이렇게 밝힌다.

"중심지에서 1, 2킬로미터 떨어진 후나이리 나카마치에 있는 간자끼 초등학교 뒷문에서 나는 강렬한 열선과 폭풍을 받으며 피폭당했다. 초등학교 1학년(만 6세) 때였다. 나를 구해준 것은 학교의 콘크리트 담이었다. 이 담에 바로 붙어 있지 않았더라면 5천 도의 열선을 온몸에 그대로 받은 나는 새까맣게 타면서 녹아 그 자리에서 즉사하고 말았을 것이다. 담 하나로 기적처럼 목숨을 건진 나는 덕분에 피폭 직후의 그 몸서리치는 지옥도를 머릿속 깊이 각인시켜 기억하게 되었다."

어쩌면 우리 한국인들 가운데 일부분은 일본에 대한 원폭투하가 당연하고 정당한 행위였다고 생각할지도 모른다. 하지만 원폭으로 죽은 20여만 명은 무고한 국민들이었다. 게다가 미국이 핵폭탄을 터뜨릴 무렵 일본은 이미 전쟁을 할 여력이 없었다. 전쟁에 미친 일본 군부가 '결사항전'을 외치며 버티고 있었지만 항복은 기정사실이었다. 트루먼은 "전쟁의 괴로움을 빨리 끝내기 위하여 원자폭탄을 사용했다"고 연설했는데 핵실험이 목적이 아니었는지 의심하는 시각도 있다.

저자 나카자와의 아버지는 전쟁을 반대하는 '비국민'이었다. 칠공예 화가이자 연극 활동에도 참가해, 고리끼의 「밑바닥 인생」 등을 대본으로 삼아 반전 활동과 천황제를 반대하다가 치안유지법 위반으로 구속돼 1년 6개월을 복역하기도 했다. 경찰에게 잡혀가 모진 고문을 당하면서도, 아내와 자식들이 이웃에게 따돌림을 당해도 결코 꺾이지 않는다. 대부분 일본인들은 조선인을 차별하고 무시했지만 아버지는 아내와 자식들에게 "조선인이나 중국인과 친하게 지내야 한다"고 가르친다. 아버지의 영향을 받은 저자 나카자와 케이지는 어릴 때부터 일본이 얼마나 무모한 전쟁을 하고 있는지 깨달았고, 이웃에 살던 박충찬이라는 동갑내기와 친하게 지냈다.

저자의 어머니는 원폭병원에 입원해 7년 동안 투병생활을 이어가다가 1966년에 돌아가셨다. 어머니의 화장에 입회한 나카자와 케이지는 경악했다. 뼈가 없었기 때문이다. 원폭 방사능 세슘이 어머니의 골수에 파고들어 뼈를 녹여갔던 것이다. 저자는 분노가 치밀었다. 무모한 전쟁을 일으켜 원폭 투하를 초래한 일본의 군부와 함께 아무렇지도 않게 원폭을 투하한 미국을 용서할수 없었다.

저자는 그때부터 전쟁과 원폭을 주제로 하는 만화를 발표하기 시작했다. 『어느 날 갑자기』, 『뭔가가 일어났다』, 『평화의 종』

시리즈 등을 발표해 전쟁과 원폭의 어리석음을 고발했다. 『맨발의 겐』은 1973년 〈주간 소년 챔프〉에 처음 나오기 시작했다. 발표 이후 큰 인기를 끌면서 영화, 오페라, 애니메이션, 드라마 등 여러 장르로 옮겨졌다. 모두 10여 가지의 언어로 번역됐다. 한국에서는 2000년부터 재일 한국인 2세 김송이 씨가 번역해 출판했다.

이 책은 모두 10권짜리다. 저녁에 잠이 오지 않아 손에 들었다가 밤새 읽게 됐다. 무거운 정치적인 내용이라 자칫 감동을 이끌어내기 어려운 주제인데 천진난만한 어린 겐과 동생들을 내세워 웃음과 눈물을 이끌어낸다. 식민지 국민으로, 원폭으로 피해를 입은 조선인에 대한 반성의 시각이 들어간다는 점도 저자의 진정성과 이 작품의 진가를 느낄 수 있다.

원폭 투하를 초래한 일본 군부와 똑같은 자들이 내 눈에 띄어 섬뜩하다. 개성공단을 폐쇄하고 사드 배치를 추진해 전쟁의 위험을 한층 높이고 있던 박근혜는 결국 박근혜-최순실 게이트로 탄핵당했다. 그런데 잠깐 동안 권한대행을 맡은 황교안은 사드 배치에 속도를 높이고 있다. 사드가 뭔지도 모르는 수구세력들은 광신도마냥 태극기와 성조기를 흔들면서 박근혜 탄핵 무효와 계엄령 선포 구호를 외치고 있다. 역사를 모르는 자들은 이렇게 자신들이 무슨 짓을 하는지도 모른다.

갑자기 궁금하다. 이들도 집에 가면 자식들에게 "싸우지 말고 착하게 살아라" 하고 가르칠까?

국가통제, 사회양극화 심화 등
10년을 거꾸로 돌리는 법

MB악법 바로 보기 만화책

『악! 법이라고?』

이승만 말기에 태어나 박정희 시대를 거쳐오면서 살았던 나는 반공 사상에 물들어 있었다. 전두환 정권 때 보안부대에 근무했던 나는 극우사상에 매몰돼 있었다. 조중동 같은 수구 세력들이 퍼뜨린 대로 우리나라가 자주 국가인 줄만 알았다. 노동자, 서민들도 열심히 일만 하면 잘살 수 있는 세상인 줄만 알았다.

1990년 무렵, 허름한 동네 독서실에서 만화책 한 권을 본 뒤에 나는 캄캄한 동굴 속에서 빠져나왔다. 민주주의의 보루인 줄만 알았던 미국이 전쟁을 일삼는 제국주의라는 사실을 알았고 우리나라 친일파들의 역사를 알았고 우리 부대 사령관이었던 전두환, 노태우, 박병준이 희대의 살인마라는 것을 깨달았다. 내가 본 그 만화책은 『쿠바혁명과 카스트로』(리우스, 오월, 1988)였다. 그리고 『마르크스』, 『자본론』, 『사회주의』, 『노동의 역사』라는 책을 보면서 사회를 배웠다. 물론 그것들도 다 만화책이었다. 이렇게 만화는 나 같은 무식한 사람에게 세상을 깨닫게 하는 훌륭한 스승이었다. 그래서 나는 지금도 만화책을 좋아한다.

『악! 법이라고?』(강풀 외, 이매진, 2009) 하는 만화책이 나왔다. 2009년 1월부터 2월까지 온라인에서 연재가 된 것을 엮어 이매진 출판사에서 발행한 책이다. 〈작은책〉 크기와 같다. 부제로 '10년을 거꾸로 돌리는 MB악법 바로 보기'라고 나와 있다. 부제를 보면 내용을 짐작할 수 있는 책인데 만화가 14명이 MB악법이 어떤 내용인지 자세히 알려준다.

이 책 서문을 쓴 '민주사회를 위한 변호사모임' 부회장인 김선수 변호사는 "MB악법들은 민주주의의 토대를 이루는 헌법상 기본권인 언론과 표현의 자유를 침해하는 법률"이라고 말한다. 큰 꼭지로 '언론과 표현의 자유 말살 악법', '경제 민주화 역행 악법', '사회 양극화 조장 악법', '국가 통제 강화 – 인권말살 악법' 그리고 '다들 갸우뚱하는데 정부는 꼭 해야 한다는 4대강 정비사업', 마지막으로 'MB악법 10문 10답'으로 되어 있다. 주제별로 요즘 활동하는 유명한 만화가들이 쉽고, 아주 재미있게 그렸다. 만화 한 편 한 편 뒤에는 진중권, 하종강 같은 분들이 명쾌한 댓글을 달았다.

이 책의 부제가 '10년을 거꾸로 돌리는 MB악법 바로 보기'인데 10년이 아니라 30년을 거꾸로 돌렸다는 게 맞을지도 모른다. 용산학살에서 보듯이 경찰이 사람을 여섯 명이나 죽여도 책임지는 사람이 없고 유족 동의 없이 사체를 해부하는 걸 보면 박정희 때만큼 무자비해졌다는 걸 보여준다. 그뿐인가 이명박 정권이 밀어붙이는 법 가운데 경찰의 자의적 판단으로 집회 자체를 원천 차단하고, 경찰이 그저 통고하는 것만으로 집회 참가자의 동의 없이 얼굴을 촬영할 수 있다 하고, 게다가 세상에, 집회에서 마스크만 써도 처벌한다는 법이 있으니, 말문이 막힌다.

큰 잘못은 아니지만 눈에 걸리는 게 몇 가지 있다. 만화 속 대화에서 나오는 글자 크기가 너무 작은 데가 몇 군데 있다. 게다가 띄어쓰기도 틀린 부분이 군데군데 보인다. 내가 출판사에서 교정교열까지 해서 생긴 편집증 탓이다. 독자들이 보기엔 아무 지장 없지만 그래도 조금 더 신경을 썼더라면 하는 아쉬움이 남는다. 그리고 또 하나, 박재동 화백은 한겨레 만평을 그릴 때부터 존경하던 분이었는데 지금은 너무 활동을 안 하는 게 좀 아쉽다. 그런데 이 책에 박재동 이름이 올라 있어 반가워 찾아봤더니 없다. 표지 그림 귀퉁이에 조그만 삽화 하나 올려놓고 버젓이 지은이 이름으로 올렸다. 옛날에 봤던 '촌철살인'의 만평 한 꼭지라도 볼 수 있었다면 하는 아쉬움이 남는다.

나는 다른 이들이 MB악법이 뭐냐고 물을 때마다 이 책을 들고 다니면서 한 번씩 펼쳐 보고 대답해줄 생각이다. 독자님도 MB시대의 필독서! 『악! 법이라고?』 한 권은 갖고 다니는 게 어떨지. 책값도 싸다. 커피 한 잔 값 5천 원!

결론으로 MB악법이 통과되면? 박정희가 무덤에서 일어나는 듯 생각만 해도 으스스하다. 헉! 박정희를 좋아한다고? 그럼 『네 무덤에 침을 뱉으마』와 『알몸 박정희』도 보셔야겠다. 나보다 더 무식한 사람을 보는 일은 낯 뜨거운 일이니까. 역사는 기억하는 자의 것이라고 누가 말했다던데….

공항 가운데 마을이?

나리타공항 건설 반대 농민들의 처절한 사투기
『우리 마을 이야기』

2012년, 64주년을 맞이한 제주 4·3항쟁. 해방 이후 미국을 등에 업고 정권을 잡은 이승만과 군인, 경찰, 그리고 서북청년단 같은 우익 단체들이 무고한 양민 2만 5천~3만 명을 학살한 사건이다. 1999년 12월 26일 국회에서 "제주 4·3사건 진상규명 및 희생자 명예회복을 위한 특별법"이 통과되고, 제정됐지만 제주도민들은 여전히 그 아픈 상처를 오롯이 치유하지 못했다.

반세기나 지난 오늘날 이명박을 위시한 수구세력들은 그 제주 도민들에게 또다시 돌이킬 수 없는 상처를 남기고 있다. 서귀포시 강정마을에 해군 기지를 세우려고 하면서 반대하는 주민들에게 무자비한 폭력을 저지르면서 밀어붙이고 있다.

『우리 마을 이야기』(오제 아키라, 이기진 옮김, 이미지프레임, 2012)는 1966년 일본 정부가 나리타공항을 건설할 당시에 일어났던 신도쿄국제공항 건설반대투쟁을 국가 폭력으로 진압하는 과정을 만화로 보여준다. 1992년부터 1993년까지 만화 잡지 〈모닝〉에 연재됐던 이 만화는 1994년에 고단샤에서 전 7권으로 출간됐다. 한국에서는 2012년 이미지프레임에서 발행했다. 어른과 어린이가 함께 보는 만화책이다.

책을 보면 한국에서 일어난 일처럼 착각이 들 정도로 똑같다. 평택 대추리에 미군기지를 세운다고 조상 대대로 살던 주민들을 내쫓고, 밀양송전탑을 세운다고 주민들을 강제로 쫓아내는 과정이나 용산 철거, 제주도 강정마을에서 저지르던 과정과 너무 흡사하다. 한국의 한전 직원들이 저질렀던 폭력과 똑같은 일본 공단 직원들의 폭력, 한국의 전투경찰과 같은 일본 기동대를 동원하는 장면을 보면 한국 정부가 그 나라에서 배운 게 아닌가 싶을 정도다. 또 주민들에게 돈을 얼마 준다는 조건을 내걸어 넘어가는 조건파를 내세워 주민을 이간질하는 것도 똑같다. 제주도 강정마을에서 찬성파와 반대파로 이간질하고, 무자비한 폭력으로 짓밟는 과정도 일본에서 배운 게 아닌가 싶을 정도로 닮아 있다.

그렇게 폭력으로 짓밟았지만 일본 정부는 결국 그 땅을 강제로 매수하지 못했다. 이 책에 따르면 1991년 11월 21일, 처음으로 일본 운수성과 공항공단, 그리고 반대동맹의 대화의 장인 '나리타공항문제 심포지엄' 제1회가 개최됐다. 1년 반 동안 15회를 거듭한 회합의 결과 1993년 운수성과 공단은 공항건설계획의 잘못을 인정하고 사죄했다. 그리고 무력으로 반대파를 탄압하는 것을 포기하고 나리타공항 2기 건설 계획을 폐기했다. 『우리 마을 이야기』는 1971년 산리즈카 제2차 대집행에서 경찰 3명이 사망하고, 반대파 청년이 자살하던 즈음 이야기까지만 나온다.

현재까지 나리타공항은 활주로 한 개로 운영되고 있고, 공항 한가운데에는 여전히 공항 건설에 저항하며 살고 있는 농민들이 있다. 그들을 강제로 쫓아내지 못한 일본 정부 관료들은 교묘하게 그들을 괴롭히고 있다. 산지니 출판사에서 낸 『르포, 절망의 일본열도』(가마타 사토시, 김승일 옮김, 산지니, 2009)를 보면 "공항 한가운데에 마을 형태가 남겨지고 농부와 비행기가 동거하고 있는 것은 아무리 세상이 넓다 해도 이 공항뿐"이라고 하면서 "비행기만 띄우면 그 녀석들(농부들: 글쓴이 주)은 소음을 못 견뎌 나갈 거라고 생각했을 옛 운수성 관료의 악의와 오만이 빤히 들여다보이는 현장"이라고 비판했다. 『르포, 절망의 일본열도』라는 책이 나온 지 8년이 지난 2017년, 지금은 바뀌었을까.

도쿄에서 살고 있는 미야우치 씨가 며칠 전에 〈작은책〉 사무실을 방문했다. (미야우치 씨는 1960년대 일본에서 학생운동을 하다가 대학에서 제적당한 분인데 한국의 노동운동에 관심이 많아 1년에 두 번, 한국의 노동절과 전태일 추모주간 때 한국을 방문한다.) 미야우치 씨는 일본과 한국을 오갈 때 거의 나리타공항을 이용한다. 그분 말에 따르면 나리타공항 한가운데에 있는 그 마을은 여전히 '전시' 상태와 비슷하다. 그 마을을 들어가려면 몇 번씩 검문을 받는다고 설명했다. 마치 한국의 민통선 같은 형태인 듯하다. 미야우치 씨는 내가 일본에 방문하면 꼭 그곳을 안내하겠다고 했다.

나리타공항을 반대했던 이들은 언론이 보도한 과격파들이 아니라 거기 살고 있는 순박한 농민들이었다. 이들은 왜, 어떻게 이렇게 오랫동안 버티고 있을까? 책을 다 읽고 나면 고개를 끄덕일 수 있을 것이다.

2009년 새해,
서울특별시 용산구 한강로2가 남일당

재개발의 참사
『내가 살던 용산』

어릴 때 내가 읽은 유일한 책은 교과서와 만화였다. 교과서는 학교에서 가르치니까 어쩔 수 없이 본 책이고 만화는 재미가 있어 어머니한테 돈을 달라고 떼쓰고 졸라서 빌려 본 책이다.

텔레비전이 귀하던 초등학교 시절, 내가 살던 홍은동 개천가 건너편에 백련시장이 있었다. 그 시장 안에는 5원인가, 얼마만 내면 텔레비전을 볼 수 있는 만화가게가 있었다. 발 꾸렁내 때문에 숨이 막히는 2층 골방에서 〈요괴인간〉이니 〈아톰〉이니 하는 만화영화를 보고 나오면서, 만화를 빌려 와 집에서 보던 생각이 난다. 그 만화를 빌려 보려고 가난한 어머니한테 얼마나 떼쓰고 졸랐는지 지금 생각해보면 참 철없다는 생각이 든다.

청소년이 되면서도 만화를 봤다. 부모님은 웬 만화를 그렇게 보냐고 늘 역정을 냈지만 만화책을 놓을 수는 없었다. 어른이 된 뒤, 버스 운전을 할 때는 만화를 볼 기회가 별로 없었다. 그러다가 1990년도에 내 인생을 바꿔놓은 만화책을 한 권 보게 됐다. 『쿠바혁명과 카스트로』였다. 내가 이 사회를 올바로 볼 수 있도록 눈뜨게 했던 책이었다. 그 책을 보고 난 뒤 나는 사회를 배우고자 여러 책을 보면서 역사의식이 생겨났고, 옛날 역사가 현재로 어떻게 이어 내려온 사회인지 배울 수 있었다.

2009년 1월에 일어났던 '용산 학살'을 다룬 만화책이 한 권 나왔다. 그 사건을 나는 처음부터 언론에서 보고, 현장 집회에 참석하기도 했기 때문에 특별한 느낌이 없을 거라고 생각했다. 하지만 만화를 보면서 그 처절했던 순간의 느낌들과 억장이 무너지는 유가족들 마음을 느낄 수 있었다. 그리고 용산 학살의 진실을 더욱더 자세히 알 수 있었다.

『내가 살던 용산』(김성희 외, 보리, 2010). 이 책은 만화가 여섯 사람이 그렸다. 억울하게 죽은 다섯 분과, 망루에서 뛰어내리다 무릎 인대가 파열되는 큰 부상을 입고 구속된 이충연 씨 이야기를 다뤘다. 이들은 식당을 운영하던 평범한 사람들이었다. 가게를 얻을 때 전세금 같은 돈을 빼서 몇천만 원씩 낸 권리금과 시설비가 들어갔는데, 재개발이 되면서 형편없는 보상비 때문에 이사를 못 간 사람들이다.

한 분 한 분 사연이 기가 막히다. '가난이 대물림될까 두려워' 강원도에서 수원으로 와서 남의 집에서 살던 한대성 씨. 두 아들 승주와 용주가 노는 모습을 그린 장면은 참 행복해 보였다. 한대성 씨는 허리를 다쳐 20년 다니는 직장을 그만두고 아내가 건물 청소를 하러 다녔다. 그런 아내가, 자다가 남편의 사망 소식을 들었다. 경찰이, 죽은 남편의 DNA검사를 한다고 새벽에 집에 들어와 남편의 칫솔을 달라니, 얼마나 황당했을까.

용인에서 철거당하고, 옮겨간 성남에서 다시 철거당하고 네

식구가 천막에서 살던 이성수 씨. 아들 상현이에게 "엄마 잘 보살펴 드려라", "며칠 걸리지 않을 거야" 하고 떠났는데 죽어서 돌아왔다. 상현이는 "아빠와 엄마와 나는 … 바람을 막아주는 벽이 있는 곳에서 살고 싶었다"고 한다. 휑한 벌판에 천막 한 채가 있는 모습은 옛날에 내가 살던 천막집처럼 보여 눈물이 난다. 그때가 1970년대였는데 어쩌면 그렇게 하나도 변하지 않았을까.

야구 선수의 꿈을 접은 아들이 아버지 양회성 씨를 도와주고 있었던 이야기도 눈물겹다. 여의도, 봉천동에서 하던 가게가 망해 새 출발로 용산에서 가게를 연 지 일 년 반 만에 재개발 이야기가 나오면서 돌이킬 수 없는 불행이 시작됐다. 새벽 4시 20분에 남일당 건물에서 경찰과 대치하고 있던 남편이 휴대폰 충전기와 빵 좀 사다 달라고 부탁했다. 아내는 "지금 이 시간에 문 연 빵집이 어딨어" 하고 밥을 해서 갖고 가다가 다시 전화를 받았다. 전화 저 너머에서는 울부짖는 소리, 뭔가 깨지는 소리, 비명 소리가 나온다. 그다음 장면은 길이 막힌 노량진, 택시 안에서 멀리 연기가 보이는 장면이 보이고 그 택시 안에서 울부짖는 소리가 나온다.

"어서… 울지만 말고 얘기를 해 봐! 얘기를….."

그 장면은 마치 내가 그 불 속에 있고 내 아내가 울부짖는 모습처럼 느껴졌다.

용산에서 26년 동안 장사하면서 살던 이상림 씨. 아내와, 아들 충연 씨와 착한 며느리 정영신 씨와 함께 호프집을 운영하면서 오순도순 살던 이들이었다. 경찰이 남일당 건물을 에워싸고 있던 그날, 신랑한테서 '물이 없다고, 목이 마르다'고 전화가 왔다. 정영신 씨는 살기 어린 용역깡패들 몰래 건너편 건물로 생수병을 들고 갔다. "물, 여기 있어!" 아내는 그 생수병을 건너편 건물로 던졌지만 닿지 않았다. "왜 거기 있어! 언능 내려가!" 경찰과 용역깡패들이 쏘는 물대포를 맞으면서도 아내가 걱정돼 내려가라고 소리치는 남편한테 "나 안 내려가. 아버지랑 모두 몸조심해" 하고 숨어서 통화하는 아내 모습을 보면서 눈물이 울컥 솟았다. 그 앙다문 입술에 눈물을 흘리는 모습이 왜 또 내 아내 모습처럼 보일까.

경찰은 가족들 몰래 부검을 했다. 이상림 씨 부인 전재숙 씨가 증언하는 장면을 보면 이 정권이 얼마나 잔인한지 치를 떨게 만든다.

"지문이 없어서 그랬다고 하면서…. 지문 다 있어요.", "발이…, 아버지 발이 있다 했는데…, 그런데 발이 없어요. 발부터 허벅지까지만 탔어요.", "걷지 못하게 거기만 때려서 그렇게 된 거예요. 그렇게 돌아가셨어요."

10년 넘게 식당을 하면서 돈 한 푼 아끼기 위해 종업원도 없이, 아내와 둘이서만 일했던 윤용헌 씨는, 주말마다 한강에 나가서 아이들과 농구하고 축구하고, 빙어 낚시도 즐기는 평범한 사람이었다. 남일당 건물에서 닷새만 있다가 온다고, 일 끝나면 시골에 어머니를 보러 가자고 했던 사람이 하루아침에 죽었다. 윤용헌 씨 아내도 남편이 불에 타서 죽지 않고 누군가 때려 죽였다고 믿는다. 지석준 씨를 피신시켜 놓고 망루에서 뛰어내린 사람이 어떻게 망루 4층에서 발견될 리가 있다는 말인가. 아내는 시신을 보니 '불에 탄 얼굴이 아니었고, 갈비뼈가 부러져 있는데 엇

갈려 있었고, 장갑을 끼고 죽었는데 장갑을 벗겨 보니까 지문이 그냥 있었고, 내장을 다 없앴고, 허벅지도 다 떠 버렸다'고 한다. 게다가 '불에 탄 사람 주머니에서 가스라이터 두 개가 터지지 않은 채 나왔다'고 한다. 요즘 라이터는 불에 타도 터지지 않는 그런 특수한 라이터도 있다는 말인가.

이 글을 쓰고 있는 현재, 용산 학살이 일어난 지 벌써 1년 하고도 3개월이 넘었다. 이제 용산 학살 사건은 겉으로는 마무리됐다. 정부는 죄가 없고 '철거민들은 테러범이 되었다'. 하지만 그것이 진실일까. 검찰은 수사 기록 3천 쪽을 안 내놓고 있다. 진실은 밝혀지지 않았다.

『내가 살던 용산』은 재미로 보는 만화책은 아니다. 억장이 무너지고 분통 터지는 이야기이다. 하지만 잊지 않아야 할 역사다. 잘 쓴 만화책 한 권은, 역사의식이 생기고, 사회를 보는 눈이 생길 수 있다. 사회 문제에 관심이 없는 분들에게, 또 청소년들에게 꼭 한번 권해볼 만한 가치가 있는 책이다.

미국과 피노체트에 저항한 노래여, 무기여

﹀

칠레 민중의 순교자
『빅토르 하라』

"민요와 시와 음악과 무용이 폭탄이 될 수 있을까? 대답은 그렇다이다. 빈민을 포함한 모든 국민이 자유롭고 신명나게 누리는 문화예술의 행태는 지배 엘리트와 독재자들에게 언제나 무질서와 불온한 집단행동으로 보여 금기시된다. 예술에 대한 억압과 금지는 저항을 낳는다. 이는 더 왕성한 창작 활동의 기폭제가 되지만 거기에는 반드시 희생이 따르는 것을 우리는 역사를 통해 배워 왔다. 참담한 우리의 근현대사를 보더라도 그런 사례는 숱하게 많다."

2008년에 삼천리 출판사에 출간한 책 『빅토르 하라』(조안 하라, 차미례 옮김, 삼천리, 2008)를 번역한 차미례가 한 말이다.

빅토르 하라는 독재자 피노체트에 맞서 노래로 항거하다가 살해당한 칠레의 민중가수다. 이 책을 쓴 조안 하라는 그의 부인이다. 조안 하라는 영국에서 태어나 무용을 하다가 칠레의 공산주의자이자 무용가였던 파트리시오를 만나 결혼을 하고 칠레로 온 뒤, 파트리시오에게 버림을 받고 빅토르 하라와 새 가정을 꾸렸다. 피노체트 정권에게 빅토르 하라가 살해당한 뒤 조안 하라는 칠레를 탈출해 런던에 설립된 칠레인권위원회 초대 회장을 맡아, 그 뒤 10년 동안 전 세계를 돌며 피노체트 독재 정권의 인권 유린을 알렸다. 이 책은 1983년 영국에서 초판을 출판했고 전 세계 주요 언어로 번역됐다. 아내가 쓴 빅토르 하라의 자서전.

칠레는 1891년 일어난 내전 이후로 일찌감치 의회 민주주의 체제를 이루게 된 나라다. 하지만 경제는 과두정 정부의 기득권을 지키는 체제로 퇴보했다. 1920년 개혁주의자 아르투로 알레산드리 팔마를 대통령으로 선출했지만 보수적인 의회 때문에 좌절됐다. 그때부터 칠레는 베니토 무솔리니의 이탈리아식 정부로 변질됐고, 1920년대 마르크스주의 집단이 대중의 지지를 받으며 발흥했다.

빅토르 하라는 그런 칠레에서 1923년 가난한 농가의 아들로 태어났다. 대지주의 땅을 소작하는 대가로 겨우 연명했다. 아버지는 술주정뱅이였다. 집안을 돌보지 않고 가족을 학대했다. 빅토르 하라는 그런 아버지 밑에서 자랐지만 남다른 교육열을 가지고 있던 어머니 덕에 부지런하고 지적 욕구도 강하고 예민한 감수성을 지닌 모범 학생으로 자랐다.

어머니는 농촌의 소리꾼으로 토속적인 기타 음악과 노래에 능했다. 어머니의 영향을 받아 빅토르 하라는 스무 살이 되던 해, 사라져가는 칠레의 전통 민요를 조사하고 채집하기 위해 여행을 떠나는 등 일찌감치 문화 운동에 눈을 떴다. 어머니는 빅토르 하라가 10대 시절 일찍이 세상을 떠났다. 빅토르 하라는 1951년 칠레대학 연극학부에 입학하여 연출 공부를 했다. 칠레 사회 현실에 눈을 뜨게 되면서 하층민 생활의 역경을 그리는 극을 연출했다.

1957년 빅토르 하라는 비올레타 파라를 만났다. 비올레타 파라는 칠레 민요를 수집해온 그 방면의 선구자였다. 빅토르 하라는 비올레타 파라의 영향으로 민속 연구와 민요를 발굴하기 위해 여행을 다녔다. 이후 두 사람은 영원한 친구가 됐다. 나중에 비올레타 파라는 "빅토르야말로 칠레 최고의 민요가수였지"라고 말할 정도로 칠레 최고의 민중가수로 자리매김한다.

조안 하라가 칠레에 왔던 1954년 무렵 칠레는 빈부 격차가 심한 나라였다. 드넓은 땅과 재산을 갖고 있는 지주와 하루하루 연명하는 소작인들이 있었고, 그보다 더한 빈민굴에서 처참하게 살아가는 사람들이 있었다. 조안 하라는 칠레 사회에 수많은 계층들이 존재했다고 말한다. 소수의 특권 가문 출신, 즉 지배계급인 '피투코', 가난하고 재산이 없는 사람들은 '로토'였다.

저자는 광활한 포도밭과 포도주 공장을 소유하고 있는 어떤 여자 친구 집을 놀러갔다가 그 친구의 남편이라는 사람이 하는 말을 들었다.

"파업을 하거나 조금이라도 반역의 낌새가 보이는 소작인은 누구든 간에 그 자리에서 사살해 버리고 말 것이며 모든 공산주의자들은 다 죽여야 한다."

비참하게 살던 사람들은 소작인들뿐만이 아니라 마푸체 인디언들, 구리 광산에서 북미 사람들에게 착취당해 목숨을 이어가던 사람들이 있었다. 빅토르는 칠레 사회에서 처절한 가난이 어떤 것인지, 사회에서 소외되고 무시당하는 사람들의 연대감이 어떤 것인지 가장 가까이에서 느끼고 지켜봤다. 그는 점점 더 사람의 마음을 움직이는 음악을 만들고 가사를 썼다.

1969년 3월 9일에도 250명의 경찰이 난민촌을 덮쳐 지주들한테 쫓겨난 수많은 난민들을 죽였다. '푸에르토 몬트'의 학살이다. 빅토르에게 가족이나 다름없었던 소작인들이었다. 빅토르는 기타를 들고 노래를 만들었다. '푸에르토 몬트에 관한 질문'이다. 억압된 민중의 가슴을 후련하게, 권력자의 간담을 서늘하게 만든 노래였다.

"날 둘러싼 모든 것들이 점점 나를 자극하기 시작했다. 조국의 가난, 라틴아메리카의 가난, 그리고 세계 여러 나라가 시달리고 있는 가난…. 난 내 슬픔과 기쁨을 꺼내 보이기 위해서는 나무와 줄뿐인 이 소박한 악기가 절실히 필요했다."

1970년, 노래운동과 문화운동이 기폭제가 돼 빅토르 하라가 지지하던 인민연합의 아옌데가 대통령 선거에 당선된다. 아옌데는 미국의 기업, 또는 자회사였던 구리 광산을 국유화하고 그 이익을 시민들에게 돌려준다. 미국은 사회 혼란을 조성한다. 모든 언론을 동원해 온갖 흑색선전으로 아옌데를 공격하고 사회 불안을 조성한다. 칠레의 보수 세력들은 아옌데 반대 시위를 일으킨다.

분위기가 무르익을 무렵 피노체트는 미국의 지원을 받아 쿠데타를 일으킨다. 피노체트는 대통령궁을 폭격하고 아옌데와 경호원들을 살해한 뒤, 일주일 동안 무려 3만여 명을 학살한다. 빅토르 하라는 이때 학살당한다. 기타를 치던 손가락이 짓뭉개지고 두 손목까지 모두 부러지고 온몸에 구타 흔적과 함께 시신이 발견된다. 문화 운동에 치를 떨었던 군부의 증오가 어떤지 말해주는 증거다.

　한국을 되돌아보자. 박근혜는 ~~최순실~~ ~~꼭뚜각시~~였다. 집권하자
마자 방송을 장악했고, 아랫것들을 시켜 문화예술인 블랙리스트
를 작성했다.(문화 운동이 무기라는 걸 알고 있는 걸 보면 박근혜, 최순실은
완전 바보는 아닌 듯하다.) 하지만 그게 어디 통하랴. 결국 꼬리가 잡
혀 하수인 김기춘과 조윤선은 감옥신세가 됐다. 김기춘은 박정
희 때부터 유신헌법 초안을 작성하는 데 참여하고, 중앙정보부
대공수사국장으로 재직하면서 인혁당 사건을 만들어 죄 없는 사
람들을 죽이고, '재일동포 유학생 간첩 조작사건'을 만들고, 초원
복집에서 '우리가 남이가'로 지역감정을 조장하고, 노무현 탄핵
때 탄핵소추위원장을 하면서 탄핵에 앞장서고, 전교조를 죽인
인물이다. 이렇게 어마무시한 경력(?)으로 평생을 지내왔는데 기
껏 문화예술인 블랙리스트로 감옥에 갇히다니 참 아이러니하다.
문화예술이 폭탄이 될 줄은 몰랐을까.

　탄핵 국면이 박근혜 탄핵으로 끝이 났다. 1970년대 칠레의 수
구 세력들처럼, 한국의 수구 세력에 동조하는 박사모들은 탄핵
반대를 외치고 계엄령을 선포하라고 외치고 있다. 쿠데타, 계엄
령의 대가가 어떤지 상상하지 못하는 철부지들이다. 이들은 김기
춘이 바랐던 세상을 바라는 것일까?

　　야간의 주간화
　　휴일의 평일화
　　가정의 초토화
　　라면의 상식화

"나는 음악만으로는 충분하지 않아요"

평화와 인권을 노래한
『존 바에즈 자서전』

　2015년 겨울, 월요일 새벽잠이 깨서 시간을 보니 4시다. 더 자고 싶어 술 한잔을 따라 먹고 누우려고 보니 침대 위에 아무렇게나 던져놓은 이 책이 보였다. 삼천리 출판사에서 나온 『존 바에즈 자서전』(존 바에즈, 이운경 옮김, 삼천리, 2012), 부제로 '평화와 인권을 노래하다'. 잠이 금방 오지 않을 것 같아 책을 집어 들었다. 그러고는 아침까지 이 책을 놓지 못했다.

　1970년 청소년기 무렵 기타와 노래를 좋아했다. 그 당시는 박정희 독재 정권 때였다. 송창식, 이장희, 양희은 같은 가수들의 노래를 좋아했다. 외국 가수로는 존 바에즈 노래를 좋아했다. 〈도나도나〉와 〈솔밭 사이로 강물은 흐르고〉라는 노래를 들으면서 뭔지 모를 가슴 싸한 느낌이 들었다. 단순히 서정적인 노래만 불렀던, 대중가수로만 알고 있던 그 존 바에즈가 비폭력주의자로서 반전, 평화, 저항의 상징이라니. 게다가 '미국의 포크 음악 무대를 거대한 청중이 있는 주류 쪽으로 몰고 간 결정적인 인물'이라니. 그 당시엔 상상도 하지 못했다.

　이 책 뒤표지엔 '존 바에즈라는 이름은 마틴 루터 킹, 마하트

마 간디와 마찬가지로 비폭력 저항운동의 이상과 떼려야 뗄 수 없는 관계'라는 앤서니 드커티스 음악평론가의 평이 있다. 이 책을 다 읽은 나는 그런 평가가 전혀 과장이 아니라는 생각이 들었다.

존 바에즈는 이 책에서 자신이 살아온 과정을 거리낌 없이 드러내는데 그 솔직함에 더욱 끌린다. 레즈비언의 경험, 결혼과 이혼, 또다시 사랑하는 과정을 숨김없이 드러냈다. 미국의 또 다른 저항 운동의 상징인 가수 밥 딜런과 사랑한 이야기도 있다. 밥 딜런이 어느 여자에게 관심을 갖는 것을 질투했고, 다른 여자가 밥 딜런에게 관심을 갖는 것에 질투하는 이야기도 솔직하게 드러냈다. 존 바에즈는 자신의 재능은 '타고난 재능'이라고 겸손을 떨지 않지만 그전에 평범한 인간으로 선언하는 듯했다.

존 바에즈는 세상의 부조리와 폭력에 대항하기 위해 언제나 '바리케이드 앞에' 서는 걸 주저하지 않고, 자신의 재능을 좀 더 나은 세상으로 만들기 위해서 썼다. 자신이 버는 돈의 대부분을 기부했고, 비폭력과 관련이 있다고 하면 어떤 요청이 들어오든 50달러에서 5천 달러의 수표를 지급했다. 자선공연도 많았다. 협동조합 보육원, 평화 단체들을 위한 자선공연이었다. 그이는 늘 흑인 민권운동, 반전운동, 난민문제, 냉전문제, 양심수들의 인권문제 등 국가와 이념을 초월해 인권과 평화를 위해 '비폭력적인' 싸움의 최전방에 서 있었다. 베트남 전쟁이 한창일 때 징집 거부 운동으로 세금을 거부하기도 했고, 하노이에서 비 오듯 쏟아지는 폭탄 세례를 받는 방공호에서도 그이는 노래를 불렀다.

하지만 그이의 비폭력주의는 비판을 받기도 했다. 미국의 무차별 폭격을 받고 있던 하노이의 방공호에서 마오쩌둥주의자인 배리와 폭력과 비폭력에 관해 논쟁하면서 둘 다 좌절하기도 했다. 또 다른 이유로 비난받기도 했다. 〈릴 애브너〉라는 연재만화를 그린 만화가 앨 캡은 조애니 포애니라는 인물을 내세워 존 바에즈를 '좌파적인 색깔로 위장한 채 자기는 리무진을 타고 1만 달러짜리 출연료를 받는 순회공연을 다니면서도 입으로는 빈곤과 굶주림에 대항하여 싸우는 노래를 부르는, 두 얼굴을 가진 너절한 연예계의 계집'으로 표현했다. 가진 돈의 대부분을 기부하고 있었던 존 바에즈는 발끈했고, 격노했지만 어쨌든 자신이 돈을 가지고 있다는 죄의식 때문에 어떤 것도 소유해서는 안 된다고 생각했다.

"내가 간디처럼 무소유로 사는 것을 배우지 않는다면, 나는 결코 간디처럼 완벽해질 수 없다. 간디의 목표는 모든 욕망으로부터 벗어나는 것이었다. 나 역시 벗어나려고 애썼다. 하지만 성공하지 못했다. 나는 내 집과 남자 친구들과 다양한 의상들과 나의 악령들에 애착을 가졌다. 캡 씨는 나를 상당히 혼란스럽게 했다. 그가 살아서 이 글을 읽지 못해 유감이다. 이걸 봤다면 그는 낄낄대며 웃었을 것이다."

존 바에즈는 어떤 비판에도 의연했다. 프랑코 정권 치하의 에스파냐에서 노래하는 걸 거부해오던 존 바에즈는 프랑코가 죽고 1년 뒤인 1977년 그곳에서 첫무대를 열었다. 그곳에서는 우익과 좌익 가릴 것 없이 존 바에즈가 상업적인 쇼에 출연하는 걸 비판했다. 심지어는 출연 계약서에 '롤스로이스를 타고 이동해야 한다'는 조항이 있다는 황당한 거짓말까지 떠돌았다.

존 바에즈는 개의치 않고 자신이 계획한 대로 밀고 나갔다. 그러고는 출연한 날 노래를 부르기 전에 반파시스트 저항운동의 가장 잘 알려진 여자 영웅에 대해 이야기했다.

"저는 노래 한 곡을 그 저항운동에서 보여 준 용기로 아주 용감한 여성에게 바치고 싶습니다. 저 역시 정의를 위해 싸우는 병사입니다. 그러나 저는 총 없이 비폭력으로 싸웁니다. 그러나 많은 존경심을 가지고, 저는 이 노래를 라 파시오나리아를 위해 부릅니다."

존 바에즈는 40년 동안 에스파냐에서 공개적으로 불리지 못한, 검열 삭제된 노래를 불렀다. 노 노스 모베란(우린 흔들리지 않으리). 존 바에즈는 그때를 회상한다.

"사람들은 내가 〈노 노스 모베란〉과 '라 파시오나리아'의 이름을 입 밖에 내는 순간 주문이 깨졌다고, 비록 무덤에 묻혔지만 '위대한 프랑코 장군'을 여전히 감싸고 있던 보호벽 같은 침묵의 층이 뚫렸다고 말했다."

그 사건은 "에스파냐에게 치유와 환희의 선물을 가져다주었다. 그리고 좌익은 존 바에즈가 에스파냐에서 가장 상업적인 텔레비전 쇼에 출연한 것을 용서했다." 존 바에즈가 그 노래를 부를 것을 알고도 묵인했던 그 쇼의 제작자는 해고됐다.

존 바에즈처럼 온몸을 던져 평생을 평화 운동에 참여한 이는 그리 흔치 않다. 2011년 11월, 자본주의를 겨냥하며 모인 시위대가 점령한 뉴욕 월스트리트에 칠순이 넘은 존 바에즈가 통기타를 들고 나타났다. 베트남 전쟁 반대 시위에서 열창하던 젊은 바에즈가 50년이 넘어 아직 그 자리를 지키고 있는 것이다. 존 바에즈는 오랫동안 국제사면위원회에서 일해왔고, 현재 후마니타스라는 인권보호기구의 회장이기도 하다.

지금 한국의 주류 연예계는 반항 정신은커녕 몽롱한 환각에 빠져 있다. 일부 젊은이들은 마치 섹스를 연상시키는 묘한 몸짓으로 춤을 추면서 노래 부르는 어린아이들에게 열광한다.『존 바에즈 자서전』. 전쟁도 마다하지 않겠다는 극우세력이 판을 치는데, 아이돌의 춤이나 보면서 몽롱한 환각에 빠져 있는 한국에서 어떻게 살아가야 옳은지 깨달을 수 있는 책이다. 존 바에즈가 1970년에 한 말이다.

"나는 음악만으로는 충분하지 않아요. 음악에서 그러하듯 전쟁터에서도 생명의 편을 들지 않는다면, 그 모든 소리가 아무리 아름답다 해도 소용없죠. 이 시대가 던지는 가장 중요하고도 현실적인 물음 즉 어떻게 하면 인류가 서로 죽이는 일을 그만두게 할 수 있으며, 그러한 살육을 막기 위해 내가 평생 무엇을 해야 하는가 하는 문제와는 아무런 상관이 없는 것이 되겠죠."

꿍짝 쿵짝 쿵짜자 쿵짝!
트로트 종말이 올 거라고?

장발, 미니스커트, 통기타 금지곡 남발
『한국대중가요사』

노래를 잘하고 싶은데 쉽지가 않다. 노래를 부른 뒤 사람들이 손뼉을 치긴 하지만 그냥 의례적으로 치는 것 같다. 잘난 체하는 어떤 작자는 나보고 "안샘 노래는 뽕끼가 있어요" 하고 무시한다. 음, '뽕끼'는 뽕짝 리듬이라는 뜻이고 뽕짝은 트로트를 조금 비하하는 말 아닌가. 내 노래가 유치하다는 말인가?

그런데 트로트는 정말 유치한 노래인가? 트로트가 어떻게 생겨났고, 왜 유치하다고 하는 걸까. 궁금했다. 대중음악에 관한 책을 찾아보니 『한국대중가요사』(이영미, 민속원, 2006)가 있다. 판형도 크고 400쪽이나 될 정도로 두껍고 비싸다. 무려 28,000원! 2006년에 나온 책인데 고치지 않고 이번에 새로 냈다. "고치고 싶은 미련을 접은 것은, 이 책을 고쳐 쓸 시기가 지나버렸다고 판단했기 때문"이라고 한다.

이 책은 우리나라 사람들의 삶 깊숙한 곳에서 엄연히 예술로서 작용하고 있는 대중가요의 존재를 밝힌 책이다. 트로트, 이지리스닝, 포크, 록이라는 20세기 한국대중가요의 가장 중요한 네 양식이 세상에 대한 어떤 태도를 지니고 있는지 알 수 있다.

이 책에 따르면 우리나라의 대중가요는 유행창가가 음반으로 나오면서 시작됐다. 일본 유행가의 번안작을 제외하고 우리나라 사람이 만든 대중가요는 최초로 1929년에 음반으로 나온 〈낙화유수〉다. 그리고 1934년, 1935년 즈음에 이르러서 일본 요나누키 단음계 4박자의 노래가 등장하는데 이것이 트로트 양식이다. 요나누키는 7음계에서 네 번째 음과 일곱 번째 음을 뺀 곡이다. 이를테면 '도레미솔라'는 요나누키 장음계, '라시도미파'는 요나누키 단음계 노래다. 트로트라는 말은 미국의 Foxtrot(폭스 트로트)에서 나온 말이다.

1980년대엔 트로트가 왜색성인가 하는 '뽕짝 논쟁'이 격렬하게 벌어졌다. 이 책의 저자 이영미는 트로트가 일본으로부터 이식된 양식이라고 인정한다. 그러나 트로트의 왜색성을 소리 높여 주장하는 것은 경계할 필요가 있다고 주장한다. 이영미는 한국의 대중가요 양식의 대부분이 그런 이식성을 강하게 지니고 있고, 트로트가 왜색이라면 해방 후의 대중가요 양식들은 양색(洋色)이 아니냐고 반문한다. 트로트의 왜색성에 목소리를 높이는 것은 반일감정에 기인하는 것이고 이런 담론을 유포하는 고학력 대중이나 지식인들의 취향과 무관하지 않다고 주장한다. 이들이 트로트 가요를 혐오하는 밑바탕에는 왜색이라는 역사적 평가 이전에, 1960년대 이후 이 양식이 지니게 된 하층민과 저학력의 냄새에 대한 혐오가 자리 잡고 있다고 본다. 사실 이 트로트는 지금은 가장 하층민들의 노래 문화이지만 당시에는 도시에서 신문화를 맛볼 수 있었던 도시인들, 학력이 조금 높고 경제적 여유가 있었던 소시민층의 예술이었다. 비싼 축음기와 음반이 없으면 들을 수 없는 노래였다.

트로트, 왜색하면 박정희가 떠오른다. 박정희 독재정권 때는 노래도 마음대로 부르지 못했다. 이미자의 〈동백아가씨〉를 비롯한 다수의 트로트 음악을 금지곡으로 분류했다. 그 이유가, 왜색이 짙다, 엔카와 너무 닮았다는 이유였다. 왜색은 고사하고, 아예 일본인으로 귀화했고 엔카를 그렇게 좋아했던 박정희가 엔카풍이 난다는 이유로 금지를 했다는 건 어불성설이다.

박정희 정권 때 소극적인 저항을 한 젊은이들은 정권이 싫어하는 장발과 미니스커트, 통기타를 좋아했다. 박정희는 그 꼴을 보지 못해 바리깡을 들고 장발 단속을 했고, 젊은 여성 허벅지에 자를 대고 미니스커트를 단속했다. 노래? 노래도 박정희가 지은 〈새마을 노래〉 같은 노래 아니면 금지다. 박정희는 1975년 한 해 〈거짓말이야〉, 〈그건 너〉 등 48곡, 외국가요 〈Lay lady lay〉 등 261곡을 금지곡으로 선정했다.

금지곡을 지정한 이유를 보면 요즘 나오는 개그콘서트보다 웃긴다. "거짓말이야 거짓말이야" 하고 부른 김추자 노래. 정부한테 하는 소리지? 하는 이유로 금지곡이다. 김민기가 작곡한 〈아침이슬〉은 가사가 이렇게 시작한다. "긴 밤 지새우고". 긴 밤은 뭘 뜻하는 거야? 유신헌법을 말하는 거야? 뭐 "태양은 붉게 타오르고?" 김일성을 민족의 태양이라고 하는 거야? 그래서 금지곡. 송창식의 〈왜 불러〉는 영화 〈바보들의 행진〉에 나오는 노래다. 그 영화에서 경찰이 장발 청년을 단속하는데 도망을 간다.

배경 음악으로 "왜 불러! 왜 불러!" 하는 노래가 나온다. "장발 단속하는데 도망가?" 그래서 금지곡.

이장희의 〈그건 너〉는 남(정부)에게 책임을 전가한다는 이유로 금지. 한대수의 〈물 좀 주소〉는 물고문이 연상된다고 금지. 배호의 〈0시의 이별〉은 통행금지 시간에 이별하면 안 된다고 금지. 이미자의 〈기러기 아빠〉는 월남 파병 용사의 죽음을 암시했다고 금지. 〈동백아가씨〉는 엔카풍이라고 금지. 이금희의 〈키다리 미스터 김〉은? 박정희가 짤막한데 키다리 미스터 김은 멋쟁이야? 금지. 신중현의 〈한 번 보고 두 번 보고〉 자꾸만 보고 싶어? 저속해! 금지.

지금 박정희의 딸 박근혜가 정권을 잡았다가 헌정사상 최초로 탄핵까지 당했다. 국민 위에 군림하는 통치자와 그 세력들이 있는 한 트로트의 생명력은 지속될 것 같다. 1994년 10월 14일 자 한겨레신문을 보면, 김창남 문화평론가는 "트로트 가요는 재생산이 되지 않는다"고 하면서 "최근 트로트라고 불리는 주현미 씨 등의 음악도 과거의 양식적 특성에서 벗어나 있다"고 했다. 『한국대중가요사』 이영미도 비극성을 띤 트로트는 이제 종말이 왔다고 한다.

1990대부터 인간들의 순정이 사라졌기 때문에 신파적인 트로트가 살아남을 정서적 기반이 사라졌다는 것이다. 그 대신 리바이벌된 소양강 처녀처럼 '열여덟 딸기 같은' 표현의 재미에 탐닉하는 경향을 보여주며 '술잔을 부딪치며 찬찬찬' 같은 쫄깃쫄깃한 말맛이 있는 작품들이 나왔단다.

1994년 김창남, 이 책이 나온 2006년 이영미. 강산도 변한다는 10년이 두 번 지났는데 트로트는 아직도 건재하다. 술만 들어가면 트로트로 삶의 고단함을 위로하는 서민들이 많은데, 정말 트로트 종말이 올 거라고 이 두 사람은 지금도 믿고 있을까? 모르겠다. 10년을 더 두고 봐야겠지만 트로트의 종말이 올 것 같지는 않다. 1935년~1979년처럼 전쟁과 박정희 독재정권 때처럼, 총 맞아 죽고, 굶어죽고, 맞아죽는 시대는 아니지만 그에 못지않게 비참한 삶을 살아가는 이들이 점점 더 많아지고 있으니.

5장

과거와 현재의 대화

"과거를 기억하지 못하는 역사는 되풀이된다"

역사의 문맹 탈피
『5·18 그리고 역사』

"젊은 사람들이 나한테 대해서는 아직 감정이 안 좋은가 봐 나한테 당해보지도 않고….."

지난 2008년 4월 11일 투표소에서 전두환이 한 말이다. 푹신한 소파에 앉아 턱을 들어 올리고 개 폼 다 잡아가면서 기자들한테 농담이라고 던지고 있다. 『5·18 그리고 역사』(최영태 외, 도서출판 길, 2008)라는 책을 보고 있는 중에 전두환이 17대 대통령 선거때 그런 말을 한 적이 있다고 해서 인터넷을 뒤져봤더니 그 동영상이 있었다. 그래, 잊고 있었다. 광주항쟁이 일어난 지 이제 30년도 되지 않았는데 사형장에서 사라졌어야 할 저 전두환을 벌써 잊고 있었다.(아니 무기징역을 받아 감옥에 있어야 할 놈이다. 안두희처럼 죽으면 진실이 묻히니까.) 그렇게 잊고 있으니 저렇게 전두환이 느물거릴 수 있는 거다.

전두환은 내가 근무했던 우리 부대 사령관이었다. 난 그때만해도 사회에 대해 전혀 몰랐다. 초등학교 때부터 '멸공 교육'을 받아 빨갱이는 머리에 뿔 난 괴물이라고 생각하던 사람이었다.

고등학교를 중퇴하고 노동을 하다가 군대를 들어갔다. 진해에서 후반기 교육을 받을 때 박정희가 살해당했다는 소식을 들었다. 그리고 자대인 국군보안사령부를 들어갔다. 삼청동에 있다가 곧바로 거여동에 있는 통신보안대로 파견을 나갔다. 들어가자마자 총을 들고 나가라고 했다. 우리 부대 앞에 공수부대가 있었는데 그 공수부대가 쳐들어오면 쏘라고 했다. 무슨 일인지도 모르고 밤새 지키고 있었지만 아무 일도 일어나지 않았다.

난 할 줄 아는 게 없어 보직도 없는 사람이었다. 부대에서 빈둥거릴 때 '광주에서 빨갱이들이 나왔다'고 했다. 그런데 공수부대원들이 시민들을 무차별 죽이고 있다는 소식을 부대원들한테 간간이 들었다. 그저 그런가 보다 했다. 그것이 내가 겪은 '광주항쟁'이었다. 그리고 전두환은 대통령이 됐고 우리 보안부대 사령관은 노태우, 박준병으로 차례차례 바뀌었다. 1980년 광주항쟁 당시에 노태우는 수경(수도경비)사령관, 박준병은 20사단장이었다. 물론 광주 진압군들이었다.

부대에서 나처럼 할 일이 없는 사람들은, '폭력범과 사회풍토 문란사범을 소탕'하기 위해 경찰서에 배치돼 형사와 같이 가끔 거리로 나갔다. 태릉 근처에 있던 다방에서 소란을 피우는 젊은이를 잡기도 하고 영산강 근처까지 가서 장롱 속에 숨어 있던 기소 중지자를 잡기도 했다. 그것이 1980년 8월 4일 '사회악 일소 특별조치'와 당시 이희성 계엄사령관의 '계엄포고령 13호' 발표에 이어 '삼청5호 계획'이라는 이름으로 저지른 무자비한 인권탄압이라는 걸 전혀 몰랐다. 이른바 '삼청교육대'였다.

제대를 하고 나와 1987년 6·10항쟁이 일어날 무렵에도 눈을 뜨지 못했다. 전두환이 물러나고 노태우가 대통령이 될 때쯤부터 어렴풋이나마 깨닫기 시작했다. 『죽음을 넘어 시대의 어둠을 넘어』, 『5·18 특파원 리포트』 같은 책을 보면서 진실을 알았다. 세계사에서 유래를 찾아보기 힘든 그 광주항쟁의 역사를. 그리고 그 역사의 한 귀퉁이에서 나는, 나도 모르게 가해자가 되어 있었던 것을…. 혹시 내가 길에서 잡았던 그 '소란' 피운 젊은이들이 삼청교육대로 끌려가지는 않았는지, 죽었는지 살았는지, 영산강 근처에서 잡았던 그 젊은이는 어떻게 됐는지…. 혹시 그 젊은이가 광주항쟁에 참여한 사람이 아니었을까. 반항도 못하고 울던 그 가족들은 그때 얼마나 가슴이 아팠을까. 30년이 다 되도록 늘 내 가슴에 못이 박혀 있다.

전두환은 그날 "이제 누가 권력을 잡더라도 헌법을 개정해서 장기 집권하겠다는 간덩이 큰 사람은 없을 것"이라고 덧붙였다. 그래, 네 말대로 한국 사회에서 이제 독재가 판을 칠 수 있는 사회는 아니다. 하지만 그 독재 권력의 뿌리들이 아직 설치고 있고, 자본이 그 자리를 차지해 서민들을 억압하고 있다. 역사에 눈감은 이들이 그 독재 권력의 뿌리들을 선거에서 뽑아주는 일을 되풀이해 스스로 재앙을 부르고 있다. 역사학연구소 박준성 선생은 '광주의 진실에 눈감은 이들을 우리는 역사의 문맹자들'이라고 말한다. "진실을 말하지 않고 과거를 기억하지 못하는 역사는 되풀이된다"는 말을 우리는 뼛속 깊이 새겨야 한다.

『5·18 그리고 역사』는 역사학, 정치학, 사회학, 문학, 미술사, 철학을 연구하는 연구자들 9명이 썼다. 그런 역사를 되풀이하지 않기 위해서라도 이 책은 다시 한 번 읽어야 할 책이다.

어떤 재난에도 국민을 부르지 마라

세월호 민간 잠수사 이야기
『거짓말이다』

가슴 아픈 소설을 읽었다. 김탁환이 쓴 『거짓말이다』(김탁환, 북스피어, 2016)라는 소설이다. 세월호 참사. 침몰한 배에서 억울하게 죽어간 아이들 304명 가운데 292명의 시신을 모시고 나오는 민간 잠수사들 이야기다. 이들은 생업을 내던지고 대형 해양 참사 현장에서 목숨을 걸고 잠수해 시신을 모시고 나왔다.

소설은 김관홍 잠수사를 연상케 하는 나경수라는 인물을 내세워 재판장에게 보내는 탄원서 형식으로 시작된다. 국가는 순수한 마음으로 자원봉사를 했던 잠수사들을 철저히 푸대접하고, 그것도 모자라 동료 잠수사 사망의 책임을 뒤집어씌워 최고참 류창대를 업무상 과실치사로 기소한다. 법정에 선 류창대를 위해 나경수가 쓴 탄원서를 통해 참사가 발생한 2014년 4월 맹골수로로 내려가게 된 계기와 구조 작업, 현장 상황을 진술하고 해산 이후 동료 잠수사들의 철저히 망가진 삶과 주변의 왜곡된 시선, 진실 규명을 못 하고 있는 유족들의 아픔을 전하고 있다. 이 소설을 읽기 전까지는 유족 못지않게 민간 잠수사들도 트라우마에 시달리고 고통스런 삶을 이어가고 있는지 몰랐다.

민간 잠수사들은 시신 수습 작업에 참여한 뒤 거의 일상으로 복귀하지 못했다. 무리한 잠수로 생긴 골괴사 같은 잠수병과, 시신을 모시면서 생긴 트라우마 때문에 환청에 시달리고 있다. 국가는 이들을 푸대접했다. 팔팔한 해경 잠수사는 함정에서 편히 자고, 민간 잠수사는 불편한 바지선에만 머무르게 했다. 시신을 담는 바디백조차 지급하지 않아 물속에서 시신을 발견하면, 잠수사들은 시신을 안고 헤엄쳐서 올라와야 했다. 나오다가 놓치기라도 하면 맹골수로의 급물살에 떠내려가기 때문에 평지보다 다섯 배나 힘을 더 주어야 한다. 눈을 뜨고 잠수사를 쳐다보는 시신을 안을 때도 있었다.

"턱이 간질간질해서 시선을 내렸더니, 여학생이 두 눈을 부리부리 뜨고 경수 씨를 쳐다봤답니다. 객실을 나올 땐 분명히 눈을 감고 있었는데, 어떻게 해서 눈을 뜨게 되었는지는 경수 씨도 모르겠다더군요. 잠시 멈춘 후 왼손을 들어 여학생의 눈을 감겨 줬다고 합니다. 경수 씨는 그 눈을 보지 않으려고, 왼손으로 여학생의 두 눈을 가린 채 헤엄을 쳤답니다."

60미터 심해, 깜깜한 물속에서 본 그 눈을 어떻게 잊을 수가 있겠는가. 그 뒤로 나경수 씨는 뭔가 새로운 일을 하려고 하면 꼭 그 눈이 나타났다. 그런 날은 온몸에 힘이 쫙 빠지고 아무 일도 할 수 없었다고 한다. 시신을 수습했던 다른 잠수사들은 모두 비슷한 경험을 했다.

민간 잠수사들에게 국가는 보상은커녕 치료비 지원도 중단하고 동료 잠수사의 죽음까지도 책임을 떠넘겼다. 이 소설의 모델 김관홍 씨는 법원에 증인으로 출석해 공영우 씨의 무죄를 증언

하면서 "해경이 자기들 책임을 (공우영) 형님에게 떠넘겼다"라고 밝혔다. 후유증에 시달리던 김관홍 씨는 지난해 9월 15일 국회 안전행정위원회 국정감사에 참고인으로 출석해, "어떤 재난에도 국민을 부르지 마십시오. 정부가 알아서 하셔야 됩니다." 하고 울분을 토했다. 김 씨는 산업잠수사로 복귀를 하지 못하고, 대리운전으로 생계를 이어가다 2016년 7월 16일 경기도 고양시 비닐하우스 집에서 숨진 채 발견됐다.

국가는 세월호 사건이 터지고 지금까지 '거짓말'로 일관하고 있다. 그 거짓말을 밝히려고 유가족들이 목숨 걸고 만든 '4·16 세월호 참사 특별조사위원회'도 2016년 10월 1일 자로 강제 해산당했다. 당시 새누리당 정진석 원내대표는 "특조위는 하는 일 없이 수백억 원의 예산을 펑펑 낭비한 조직이다. 이런 조직을 연장시킨다는 것은 말도 안 된다"고 억지를 부리며 특조위 활동 보장을 완강히 거부하고 있다. 대체 정부는 뭘 감추고 싶어 특조위를 없애려 했을까.

세월호참사가 일어나고 사건의 참상을 기록한 책들은 많이 나왔다. 『세월호, 그날의 기록』, 『세월호를 기록하다』, 『416 세월호 민변의 기록』, 『금요일엔 돌아오렴』, 『세월호는 우리에게 무엇인가』, 『세월호의 진실』 등등. 읽다가 눈물이 앞을 가리고 국가의 행태에 분통이 터져 다 읽지 못하고 덮어 버리기도 했다. 그런데 이 책은 손을 놓을 수가 없었다. '치유공간 이웃' 치유자인 정혜신은 이 책을 읽어야 할 이유를 이렇게 밝힌다.

"읽는 동안 민간 잠수사들과 함께 바다 속으로 내려가 세월호 선체 안을 함께 헤매고 다닌다는 실감에 식은땀이 날 수도 있다.

그런데 그 경험은 읽는 이에게 뜻밖의 위로가 된다. 그 고통에 나도 함께했다는 느낌 때문이다. 깊은 공감을 느끼며 같은 주파수를 공유한 사람들은 의도치 않아도 종내 서로에게 치유적 존재가 된다."

304명이 우리에게 내준 숙제

세월호 유가족의 목소리
『금요일엔 돌아오렴』

"아직은 읽을 수 있는 자신이 없다. 하지만 기억을 하고 싶어서 구입했다. 나도. 내 아이도. 그리고 한참 후에도 세월호를 잊지 않기 위해 구입했다. 어서 남아 있는 사람들의 마음을 위로해주길 바란다."

'daean77'이라는 아이디를 쓰는 어떤 이가 『금요일엔 돌아오렴』(416세월호참사 작가기록단, 창비, 2015) 책을 보고 남긴 댓글이다. 어쩌면 나와 똑같은 마음일까 생각했다.

『금요일엔 돌아오렴』은 세월호 유가족들의 목소리가 담긴 책이다. 지난 1월에 나온 책인데 읽지 못하고 있었다. 일부러 외면했다고나 할까. 읽기 시작하면 눈물부터 나올 것 같은데, 이걸 어찌 읽을까, 생각했다. 그래도 읽어야 한다, 아픔을 외면하면 안된다는 생각에 석 달이 지난 뒤 이제야 책을 들었다. 벌써 1주년이라니. 그동안 해결된 건 하나도 없다. 기억을 놓치지 않기 위해서라도 읽어야 했다.

첫 장에 나온 제목부터 눈물이 나왔다. '나, 백 살까지 살려구요'. 김건우 학생의 어머니 노선자 씨가 건우가 그리울 때마다 썼던 일기가 실려 있다.

아들~~ 잘 있니?
엄마는 너가 보는 대로야
울다웃다 똥코에 털날 판이야
엄마도 참 웃기다 싶어
웃다가 울다가 먹다가.
너도 지금 큭큭대고 있지
엄마도 엄마가 이상하다~

일기 마지막 부분에는 아들이 엄마를 몰라볼 정도로 "미치지
는 말아야지 하고 산다"고 써 있다. 그 일기 한 편을 보고 더 읽
을 수가 없었다. 침침한 눈으로 책장을 넘겼다.

"세상에 딸하고 나, 둘만 남겨졌는디 그 아이를 잃었어유."

김소연 학생의 아버지 김진철 씨 사연이 보였다. 그이는, 유가
족들은 물론 시민들이 가장 궁금해하는 걸 물어보고 있다.

"제가 가장 궁금한 건 '우리 애를 살릴 수 있었는데 왜 못 살렸
나' 그거예요. 선장이 빠져나올 때 애들을 나오라기만 혔어도
다 살았는디, 왜 그런 말을 안 혀서 죽였는지…." (105쪽)

지성 학생의 아버지 문종택 씨 사연도 이어진다. 대통령과 5분

동안 통화했는데 그 뒤로 변한 게 하나도 없었다고 울분을 터뜨린다.

> 내가 섬에 내려갔을 때 선주들이 나를 보자마자 하는 첫마디가 "해경 개새끼, 죽일 놈의 새끼들. 저 새끼들이 안 구했어"였어요. 나보다 성이 더 나갖고 '살릴 수 있었는데 안 살렸다'고 욕을 하는 거죠. 섬에 있는 동생 옥령이가 그래요. "형님, 나 정말 힘듭니다." 선원들 중에는 학생들이 유리창을 손톱으로 긁어대고 얼굴을 유리에 대고 숨을 거둬가는 그 현장을 목격한 사람들이 많습니다. 섬에도 트라우마가 있었던 거예요. "형님, 저희 선원들은 그 세월호 선원들을 사람으로 취급하지 않습니다. 선주는 배가 생명입니다. 우리는 4톤짜리 고깃배도 안 버립니다."(180쪽)

또 다른 아버지. 박수현 학생의 아버지 박종대 씨는 아들이 내준 숙제를 안 할 수 없다. 진실을 밝혀 달라는 숙제.

> 현재 위치에서 절대 이동하지 마시고 대기해 주시기 바랍니다. 문제는 연이어 울려 퍼진 안내방송이었다. 아이들은 어른들을 믿고 그 말을 곧이곧대로 따랐다. 승객들을 내팽개친 채 도망간 선장의 지시는 동영상이 끝날 때까지도 계속됐다. 아이들은 15분 동안 여전히 제자리에 묶여 있었다. 우리 사회는 커다란 충격에 휩싸였다. 이 미증유의 참사가 단순한 안전사고가 아니라는 사실이 분명해졌기 때문이다.(193쪽)

박종대 씨는 이 사건에 대해서 도대체 어떤 일이 있었고, 어떻게 마무리가 됐는지… 아들 수현이에게 보여줘야 한다고 다짐한다. '숙제 검사는 꼭 받아야 하니까.' (209쪽)

대충 넘겨보다가 처음부터 끝까지 다시 이 책을 읽기로 했다. 어느 날 이 책을 보는데 지하철이 도착했다. 계속 눈물이 흘러 앞이 잘 보이지 않았다. 책에 고개를 묻은 채 지하철을 타고 들어서서 책을 보다가 고개를 들었다. 어떤 젊은 여성이 바로 내 앞에서 책을 읽고 있었다. 그 여성은 안경 속으로 손가락을 넣어 눈물을 훔치고 있었다. 그 여성이 읽는 책을 봤다. 내가 읽고 있는 『금요일엔 돌아오렴』이었다. 동지 같은 감정? 연대하고 있다는 따뜻한 마음이 느껴졌다. 눈물을 흘리면서도 이 책을 읽고 있는 사람이 나뿐만이 아니었다. 그게 희망이라면 희망이랄까. 이 책을 다른 사람도 읽고 있다는 희망.

4월 16일. 1주년을 맞이해 이 책을 읽으면서 그 아픔에 맞설 수 있는 용기를 내보자. 유가족뿐만 아니라 우리도 숙제 검사를 받아야 한다. 304명이 우리에게 내준 숙제.

진실 규명!

우유곽에 칫솔 갈아 시를 썼던 시인

전사 시인
『김남주 평전』

지난 1월에 『김남주 평전』(김삼웅, 꽃자리출판사, 2016)이 나왔다. 지은이 김삼웅 선생은 독립운동사와 친일반민족사 연구가이다. 제7대 독립기념관장을 지냈고, 친일 반민족행위 진상규명위원회 위원으로 올바른 역사를 찾기 위해 끊임없이 노력하는 분이다. 『녹두 전봉준 평전』, 『리영희 평전』, 『빨치산 대장 홍범도 평전』 등 주로 평전을 쓴다.

『김남주 평전』은 김남주 시인 49년의 짧고 치열했던 삶과 시를 소개한 책이다. 김남주 시인은 '현대사에서 시인으로서 가장 긴 옥살이'를 했던 시인이다. 박정희의 유신헌법에 맞서 반유신 투쟁 지하신문을 제작하고 남조선민족해방전선 핵심 인물로 서울에서 활동하다가 잡혀 징역 15년 형 선고를 받고 감옥에 갇혔던 시인이다. 시인은 감옥에서 시와 산문을 썼다. 종이와 연필이 없어 우유곽 속에 날카롭게 간 칫솔이나 못으로 쓴 시를 면회객들에게 몰래 내보내 1984년 감옥에서 첫 시집 『진혼가』를 출판했다.

김남주 시인은 1988년 가석방으로 출옥할 때까지 9년을 복역

했다. 감옥에서 나온 뒤 그동안 옥바라지에 헌신했던 재야 활동가 박광숙 씨와 결혼해 아들을 낳았다. 그러나 수감에 따른 후유증과 과로로 말미암아 건강이 악화돼 결국 1994년 2월 13일 췌장암을 이겨내지 못하고 별세했다. 살아생전 '토속성 짙은 서정시와 칼날 같은 저항시' 500여 수를 남겼다.

나는 어릴 때 시를 봐도 별로 감흥이 없었다. 서정주의 "국화 옆에서"도 노천명의 "모가지가 길어서 슬픈 짐승이여"도 박목월의 "구름에 달 가듯이 가는 나그네"도 시답잖았다. 우리네 삶과는 아무런 상관없이 그저 꾸며낸 말을 늘어놓은 내용이었다. 소쩍새가 짝을 찾거나 배가 고파 울지 무슨 국화꽃을 피우기 위해 운단 말인가? 사슴 모가지가 긴 게 높은 곳에 있는 열매를 따 먹기 위해 진화한 건데 왜 슬프다는 말인가? 도무지 가슴에 와닿지 않았다. 서정주나 노천명, 친일파였던 자들이 현실을 외면하고 문학은 순수해야 한다면서 인민을 현혹했던 것 아닌가.

박목월의 「나그네」는 그런 대로 시골 마을 풍경이 그려져 있어 괜찮았다. 그런데 나중에 알고 보니 이 시도 우리네 삶과는 아무 상관없이 꾸며낸 말장난이었다. 술 익는 마을마다 타는 저녁놀? 1930년대 말 가장 수탈이 심했던 일제시대 말기, 소나무 껍질로 연명하던 가난한 시골마을에 무슨 쌀이 있어 마을마다 술이 익는다는 말인가. 내가 감정이 없어서가 아니라 삶과 상관없이 꾸며낸 시였기 때문에 감동이 없었던 거였다.

처음으로 감동을 느꼈던 시가 박노해의 「노동의 새벽」이었다. "전쟁 같은 밤일을 마치고 난 새벽 쓰린 가슴 위로 찬 소주를 붓는다. 아, 이러다간 오래 못 가지. 이러다간 끝내 못 가지." 그랬다. 내가 하는 노동이 전쟁 같은 밤일이었다. 그리고 새벽에 찬 소주를 마셨다. 그동안 제도교육에서 배운 관념의 시가 아니라 구체성을 띤, 삶에서 우러나온 시가 좋은 시라는 걸 알았다. 그 뒤부터 나는 그런 시를 좋아하기 시작했다.

1990년대 말, 김남주 시인이 쓴 시를 처음 봤을 때 나는 전율을 느꼈다. 『나의 칼 나의 피』에 이런 시가 나온다.

미군이 있으면
삼팔선이 든든하지요
삼팔선이 든든하면
부자들 배가 든든하고요

— 「쓰다 만 시」

미군이 없으면
삼팔선이 터지나요
삼팔선이 터지면
대창에 찔린 깨구락지처럼
든든하던 부자들 배도 터지나요

— 「다 쓴 시」

미군과 친일파들이 만들어놓은 삼팔선. 그 삼팔선 때문에, 즉 분단 상황을 이용해 정권을 장악하고 가난한 이들을 마음대로 지배하는 수구 세력들. 삼팔선 때문에 권리를 주장하는 사람들에게 걸핏하면 빨갱이, 종북으로 몰 수 있는 분단의 나라. 삼팔선이 든든하면 부자들 배가 든든하고 그게 터지면, 부자들 배가 터진다는 역설. 여기서 삼팔선이 터진다는 건 물론 전쟁이 터진다는 뜻이 아니라 통일이 된다는 뜻이다. 어떻게 이렇게 기막히게 표현할 수 있을까. 아홉 줄밖에 안 되는 그 짧은 시에 얼마나 많은 내용이 함축돼 있는가.

김남주 선생은 시를 쓰는 가장 큰 이유 중에 하나는 "대중들 스스로가 현실에 대한 바른 이해와 변혁 의지를 갖도록 하려는 데 있다"고 했다. 선생은 목숨을 걸고 시를 썼던 혁명가, 피로써 시를 썼던 전사, 종이와 연필도 없이 우유곽에 칫솔을 갈아 시를 썼던 시인이었다.

김남주 시인이 항거했던 유신독재. 그 독재에 못지않은 박근혜 시대다. 이런 시대에 우리에게 필요한 시는 어떤 시일까.

반역의 시대,
시인이 감옥에 간 까닭은?

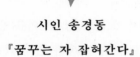

시인 송경동
『꿈꾸는 자 잡혀간다』

언젠가 송경동 시인과 동갑인 어떤 시인에게 요즘 경동이 만난 적이 있냐고 물었다. 그 시인이 대답했다. "형, 나 요즘 경동이한테 연락 잘 안 해." 그 까닭을 물었더니 우스갯소리를 했다. "경동이하고 연락하면 또 무슨 일을 해야 돼." 그 '무슨 일'은 억울하게 해고당해 길에서 농성하는 노동자들과 연대하는 일이다.

시인이 노동자들이 투쟁하는 농성장에서 왜 그렇게 할 일이 많은지. 시인조차 사회 현실에 참여할 수밖에 없는 야만의 사회라는 증거다. 남의 아픔을 두고 보지 못하는 송경동은 집회 현장에서 노동시를 낭독하고 추모 집회에서 추모시를 낭독한다. 때로는 마이크를 집어던질 수밖에 없었던 그런 분노를, 송경동은 『꿀잠』, 『사소한 물음들에 답함』이라는 시집에 고스란히 담아냈다.

시인 송경동이 『꿈꾸는 자 잡혀간다』(송경동, 실천문학사, 2011)라는 산문집을 냈다. 제목에서 암시하듯이 송경동 시인은 2011년 11월 구속되었다. 한진중공업의 불법적인 정리해고를 철회하라고 요구하면서 309일 동안 한진중공업 타워크레인에 올라가 농성하던 김진숙 씨에게 희망을 불어넣고자 기획한 '희망버스'. 그 희망버스는 전국에서 수많은 시민들을 태우고, 평화롭게 부산을 오가면서 김진숙에게 힘을 실어줬다. 한진중공업과 노동조합은 '희망버스 관계자들에 대한 민형사상 고소 고발을 취하'하는 데 합의했다. 김진숙은 평화롭게 다시 땅을 밟고 자유로워졌다. 그런데 왜 송경동은 감옥에 들어가야 했을까. 책에 이 정권이 내세우는 황당한 이유가 실려 있다. 송경동이 한 말이다.

"무엇보다 우리가 나갈 수 없는 까닭이 쌍용자동차로 희망버스 승객들이 가 주면 좋겠다는 발언 탓이었다는 게 가슴 아프다. 간 것도 아니고 가자고 한 얘기 정도가 구속 사유가 되는 것도 그렇고, 19명이라는 희생자가 나온 사회적 조문의 장소를 언급했다는 게 무슨 법적 제재의 대상이 되는 것도 웃기다."

책에는 송경동 시인이 살아온 이야기가 단막극처럼 펼쳐져 있다. 고등학교 시절에 극단의 탈선과 어둠 속으로 빠질 수밖에 없었던 이야기, 또 송경동 시인이 비정규직으로 창고에서 일하고 있을 때 마음속으로 사랑했던 정규직 아가씨 이야기가 실려 있다. 솔직한 이야기에 쌉싸래한 웃음이 번진다. 또 송경동 시인이 콜트 콜텍, 대추리, 기륭전자, 용산 참사 현장에서 보낸 사연도 있다. 마지막 장 '김진숙과 85호 크레인'은 '소설보다 더 소설적이다'. 책을 보면서 내가 어떻게 살아야 하는지 돌아보게 만든다.

2012년 정월, 평택 희망 텐트 행사가 있는 날이다. 송경동 시인이 없어도 쌍용자동차 희망 텐트 행사는 이어지는데 왜 송경동 시인은 감옥에 있는가. 나치 시대의 독일 시인 베르톨트 브레

히트의 시가 그 대답이 될까?

반역의 시대에 사람들 사이로 가 나는 그들과 함께 분노했지.
말 때문에 나는 학살자의 눈에 띄었지.
내가 할 수 있는 일은 별로 없었지만, 그러나 지배자들은
내가 없었다면 더 안심하고 자신의 힘을 휘둘렀을지도 몰라.
이 세상에서의
나의 삶은 그렇게 흘러갔다네.

"국민의 의무, 웃기지 마!"

오쿠다 히데오의
『남쪽으로 튀어!』

일본 소설은 가볍기 때문에 잘 읽지 않는다. '역사와산' 모임에서 한 회원이 이 책을 재미있게 봤다고 하기에 호기심이 일었다. 산에서 내려온 뒤 서점에서 사려는데 생각이 나지 않아 그 회원한테 전화를 걸었다. "무슨 책이었지?" "'남쪽으로 튀어' 말하는 거예요?" "아, 그래 맞아." 2006년에 나온 책이라 서점에 깔려 있지는 않았지만 서점 직원이 금방 찾아다 준다. 이 책을 쓴 오쿠다 히데오라는 소설가가 무척 유명한 사람이란다.

『남쪽으로 튀어!』(오쿠다 히데오, 양윤옥 옮김, 은행나무, 2006)는 초등학교 6학년생 지로가 자라면서 보는 세상을 그렸다. 지로는 누나와 여동생, 그리고 어머니, 아버지와 함께 도쿄 나카노에 살고 있다. 아버지 우에하라 이치로는 과거 부르주아 국가의 전복을 목표로 하는 혁명당인 혁공동(아시아 혁명 공산주의자 동맹)의 전설적인 행동대장이었다. 이치로는 당과 결별한 뒤 아나키스트(무정부주의자)로 사는데 사사건건 말썽만 일으킨다. 구청 담장자가 찾아와 국민연금 납부는 국민의 의무라면서 내라고 하니까 이치로는 못 내겠다고 버틴다.

"아무튼요. 납부서를 드리고 가겠습니다."

"웃기지 마. 그렇다면 왜 세금으로 징수하지 않지? 나중에 임의로 납부하게 하는 것 자체가 당신들 뒤가 구리다는 증거야."

"그러니까요, 임의가 아니라 의무라니까요, 국민의 의무!"

매사 이런 식으로 이치로는 싸우면서 산다. 또 지로에게는 "학교 같은 거, 다니지 않아도 괜찮다"고 충고하는 괴짜 아버지다. 지로는 좌충우돌 말썽만 일으키는 아버지가 창피하고 짜증스럽다. 어머니 사쿠라는 그런 아버지한테 순종한다. 알고 보니 어머니는 학생운동 시절에 '잔다르크'라는 별명까지 있었던 오차노미즈 여자대학의 여전사. 어느 날, 잠깐 집에 함께 머물던 아버지의 후배 아키라 아저씨가 테러를 저질러 사건이 커지자, 지로네 가족은 급히 짐을 챙긴다. 도착한 곳은 오키나와 현의 이리오모테 섬. 무슨 일이 생길까.

이 책은 두 권짜리지만 전혀 지루하지 않다. 오히려 너무 가볍다고 느낄 정도로 부담 없이 읽을 수 있다. 그러면서도 사회 모순을 묘하게 꼬집어 통쾌하기도 하다. 마음이 찌뿌둥할 때 낄낄낄 웃으면서 '정의란 무엇인가'를 배울 수 있는 책. 이 책을 읽고 재미가 있어서 『공중그네』를 읽었지만 이 책보다 재미없다. 오쿠다 히데오가 쓴 책 가운데 이 책이 가장 재미있다.

여자가 '집사람'이 되는 사회의 각본

안미선의
『내 날개 옷은 어디 갔지?』

안미선 씨를 언제 처음 알았는지 잘 기억이 나지 않는다. 오래 전에 〈작은책〉 글쓰기 모임에서 만나지 않았나 싶다.

월간지 〈작은책〉과 〈삶이보이는창〉에 연재했던 글을 모아 펴낸 이 책 추천사를 쓰면서 〈작은책〉 지난 호를 뒤져봤다. 2003년 4월호에 '산업재해노동자협의회 편집 일꾼'이라는 직책으로 쓴, '상처로 남은 책'이라는 글이 안미선 씨 첫 글이었다. 그때 그 글을 보면서 안미선 씨가 출판사에서 일할 때 자판을 두드리느라 손목을 무리하게 써 경견완장애가 생겨 산업재해를 당한 사람이라는 걸 알았다.

1년 뒤 2004년 5월부터 안미선 씨는 〈작은책〉 편집위원이 되었다. 그리고 내가 〈작은책〉 발행을 맡은 뒤 2년쯤 지난 2007년 1월에 '여성의 일과 삶'이라는 꼭지를 만들고 안미선 씨에게 그 꼭지에 글을 연재해 달라고 부탁했다. 처음에 망설였던 안미선 씨는 '아기 낳는 날'부터 술술 풀어놓기 시작했다. 술술 풀어놓았다는 건 내가 느낀 거지 안미선 씨는 한 편 한 편 정말 힘들게 썼을 것이다.

안미선 씨는 '자기가 겪은 일을 그대로 글로 쓴다는 건 다이너 마이트' 같다고 했다. 나 또한 살아가는 이야기를 써본 적이 있지만 안미선 씨 글을 보면 여성이 겪는 이야기를 쓰는 것은 남자가 쓰는 것과는 또 다른 차이가 있었다. 결혼한 여자가, 자기를 억압하지 않고 속내를 털어놓는 것이 얼마나 힘든지 알 수 있었다.

안미선 씨는, 여자가 '집사람'이 되는 과정을 그린다. 하지만 자기만의 경험으로 풀지 않는다. 어느 누구도 예외가 없다. 처음엔 평등부부 부르짖다가 임신하고 출산하면서 저절로 발이 묶이고 자연스레 육아와 집일을 도맡게 된다. 또 "나가서 할 일이 없다, 일이 있어도 대접이 형편없다, 그럴싸한 일이 있어도 미래가 없다." 이 말을 어느 여자가 부인하랴. 자기는 그렇게 살지 않았다고 할 수 있는 사람이 몇이나 될까.

안미선 씨는 여자가 집사람이 되는 것은 '사회의 각본에 따른 것'이라고 말한다. 자본과 사회가 '집에 있는 여자는 아름답도다, 젖 물리는 여자는 더 아름답도다' 하고 남자들을 부추긴다고 한다. 그 결과, 여자가 애초 집에 둥지 틀 생각이 없으면 별종으로 취급받거나 단죄를 받게 된다.

그 집사람들이 이제는 일어나고 있다. "누가 나보고 집사람이래, 집에서 하는 일이 우습냐"고 세상 사람들에게 당당히 소리친다. '이봐요, 내 이름은 집사람이 아니야, 나도 버젓이 이름 석 자 있소, 옛날부터 일해왔고 지금도 일하고 있소. 아름답다 숭고하다 소리 따윈 집어치워요, 허드렛일 시킨다는 돼먹잖은 생각 따윈 집어치워요.'

『내 날개 옷은 어디 갔지?』(안미선, 장차현실 그림, 철수와영희, 2009).

이 책은 '누구나 알지만 아무도 모르는 이야기'다. 아니 더 정확히 하면 '여자도 모르고 남자는 더더욱 새카맣게 모르는 이야기'다. 여자가 아이를 낳은 뒤로는 아기가 아파도 엄마 탓, 집안이 안 돼도 엄마 탓, 밖에서 안 풀려도 집에 있는 엄마 탓이라는 '엄마 표'가 떡 붙어버린다는 사실, 그래서 머리는 당당하려 해도 몸이 먼저 굽어지고 누가 자기를 욕하기라도 하면 대거리 전에 뭐를 잘못했나 두리번대기부터 한다는 사실은 남자는 짐작조차 하지 못하는 이야기다. 여자는? '어머, 그래. 맞아. 나도 그랬어!' 하고 새삼 느낄 수 있는 이야기다.

애가 울 때 어른들이 "누가, 누가!" 하고 손바닥으로 바닥을 치거나, "애가 왜 감기 들었냐!" 지레 호통을 치면 말도 안 되는 소리인데도 엄마들은 먼저 죄책감부터 느낀다고 한다. 이런 심정들을 남자가 어찌 짐작할 수 있으랴. 이렇게 억눌린 일상을 누군가와 나누지 못할 때에는 오로지 집을 벗어나고픈 생각만 든단다.

안미선 씨는 이제 그 억눌린 감정을 벗어나고 있는 중이다. 18개월 된 아기를 어린이집에 처음 맡길 때 자지러지게 우는 아이를 보고 이웃집 엄마들이 "그러다 애 죽이겠다", "나 같으면 안 맡겨. 차라리 내가 아프고 말지" 하는 말을 들으면서도 용기 아닌 '용기'를 내야 했던 과정을 거쳐 그 모든 것을 안미선 씨가 떠맡아야 하는 게 아니라는 걸 알았다.

성 상담 교사로서, 산재를 당했던 노동자로서, 여성 노동자 글쓰기 강사로서, 아이 엄마로서, 한 남자의 아내로서, 가정주부로서, 말 많고 탈 많은 서민들이 사는 아파트 주민으로서, 안미선 씨는 글을 썼다. 이 책은 미혼모들에게는 성 상담을 해주고, 또래 여자들에게는 같이 아픔을 공감하고, 남자들에게는 가정의 소중함을 일깨워주고, 주부들에게는 우울증을 치유하고, 가정이라는 그늘 아래에만 있던 아내의 자리에서 벗어나게 해준다. 또한 비정규직 여성 노동자들에게는 삶의 희망을 찾게 해준다. 남자와 여자를 불문하고 "삶을 바꾸고 세상을 바꾸는 글쓰기"란 이것이다 하는 걸 보여준다. 이 책을 보고 위안을 받고 삶의 희망을 찾기를….

나는 중년인가 노년인가?

눈에 띄는 늙음, 노인 관련 책
『노년 예찬』

탄현역에서 서울로 가는 지하철이 들어온다. 낮이라 그런지 앉을 자리가 군데군데 비어 있어 앉았다. 모녀가 내 뒤를 따라와 내 옆자리에 딸이 앉는다. 좀 옆쪽에 군데군데 빈자리가 있지만 엄마는 딸하고 떨어지기 싫은 듯 내 앞에 서 있다. 자리를 양보하려고 일어나 다른 쪽으로 갔다. 그 젊은 아주머니는 얼른 내가 양보한 자리에 앉는다.

오른쪽으로 조금 떨어진 곳에 빈자리가 있어 가보니 60대 아저씨가 앉아 있고 그 반대편 역시 60대로 보이는 아주머니가 앉아 있다. 60대 아저씨는 신발을 벗고 한쪽 다리를 올려 옆자리까지 차지하고 앉아 있고 맞은편 아주머니는 비닐봉지를 옆자리에 올려놓고 있다. 사람이 다가가면 봉지를 치워줘야 하는데 모른 척하고 앉아 있다.

"아주머니, 이거 좀 치워주실래요?"

아주머니는 나를 힐끗 보더니 마지못해 치운다. 참 뻔뻔하다. 자리에 앉아서 맞은편 남자를 보니 삐딱한 자세 그대로다. 어떤 아주머니가 와서 비켜달라고 하니 그때서야 다리를 내린다. 나이가 들면 왜 이렇게들 뻔뻔할까? 나도 저 나이 때 되면 저렇게 될까? 속으로 혀를 차며 집에서 가지고 나온 신문을 봤다.

"하루아침에 일터에서 내몰린 중년 남자의 이야기다."

『노년 예찬』(콜레트 메나주, 심영아 옮김, 정은문고, 2013). 책을 소개하는 난의 제목이 보였다. 중년 남자? 도대체 중년 남자가 몇 살에서 몇 살까지일까? 책을 쓴 이가 몇 살인가 봤더니 마흔일곱이다. 나는 쉰일곱. 그럼 난 중년인가, 노년인가? 회사에 도착하자마자 컴퓨터에서 국어사전을 찾아봤다. 이런, 중년은 마흔 안팎이란다. 이거 언제 적 사전이야? 그 뒤 설명에서 '때로는 50대까지 포함'한단다. 국어사전에 따르면 난 이제 노년 측에 속하네. 그런데 위키백과를 찾아봤더니 콜린스 사전에 따르면, 대략 40~60세, 미국 정신의학회의 표준 진단 매뉴얼인 정신질환 진단 및 통계 편람에서는 45~65세로 정의하고 있다. 한국 국어사전 좀 고쳐야 쓰겠다. 콜린스 사전에 따르더라도 나는 중년에서도 거의 말기에 속한다는 사실을 이제야 알았다.

나는 여태 나이를 잊고 살았다. 몸 아픈 데도 없고 등산이나 격렬한 운동인 축구 같은 걸 좋아한다. 기타 치면서 노래하는 걸 좋아하고 여행을 좋아한다. 지하철을 타면 자리가 비어 있어도 '아줌마 버전'으로 부리나케 들어가 자리를 잡지 않고, 아무리 피곤해도 노인석에 앉지 않았다. 얼마 전에는 지하철에서 나보다 더 나이가 많아 보이는 사람에게 자리를 양보했더니 그이가 어이없다는 얼굴로 "나보다 더 늙어 보이는구만" 하고 중얼거리면서 앉지 않았다. 헉, 그렇구나. 나도 다른 사람이 보면 늙어 보이는구나.

그러고 보니 요즘 부쩍 나이가 들었다는 걸 깨닫는다. 일주일에 한 번 하는 축구도 이젠 버겁다. 얼마 전에는 축구하면서 종아리 옆 부분을 걷어차여 반 깁스를 했다. 깁스를 풀고도 거의 두 달 동안 절룩거렸다. 예전 같으면 금방 나을 정도의 부상이었는데 잘 낫지 않는 거였다. 종아리가 다 나을 무렵 또 축구를 하다가 넘어지면서 손가락이 꺾였는데 침을 맞는 등 치료를 하는데도 아직까지 낫지 않고 있다. 아내는 이젠 나이에 맞는 운동을 하라고 만날 잔소리다. 이젠 정말 내가 늙어간다는 걸 인정하고 나이에 맞는 운동을 해야 할까?

때맞춰 노인들을 보살피는 요양보호사들의 수기를 심사하고 있다. 모두 서른세 편. 수기 공모전에 글을 낸 요양보호사들의 나이는 30대에서 60대까지 있었다. 치매 환자들을 돌보는 요양보호사들이 얼마나 힘들게 노인들을 보살피는지 알 수 있었다. 치매 노인들은 요양보호사를 때리고 꼬집고 욕설을 퍼붓고 바닥에 침을 뱉기도 한다. 요양보호사들은 심지어 대변이 나오지 않는 치매 노인의 항문에 손가락을 넣어 똥을 파내기도 한다. 요양보호사들이 치매 환자들의 딸이나 혹은 엄마 노릇까지 하고 있었다.

나는 치매에 걸리지 않겠지 하고 철석같이 믿고 있지만 그게 과연 마음대로 될까. 지금 나이에 비해 건강하게 살고 있지만 60이 넘어가면 어떻게 될지 모른다. 마루야마 겐지가 쓴 책 『나는 길들지 않는다』에서 "육체는 늙어도 '정신의 젊음'은 잃지 마라"고 했지만 그것도 치매 같은 병에 걸리지 않았을 때 이야기이다. 치매에 걸리면 자신이 정신이 있는지도 모를 텐데 그걸 어찌 마음대로 하겠냐는 말이다.

취미 생활을 하는 게 치매에 걸리지 않는다고 해서 요즘 중년들이 취미를 찾는다고 한다. 하지만 취미를 갑자기 만들어내는 건 그리 쉬운가? 별로 믿지 않는 인터넷에서는 '중년 아저씨들의 취미'가 여러 가지로 나와 있다. '돈 안 드는 일반적인 취미', '돈이 좀 들기 때문에 눈치 보며 하는 취미', '남들은 안 하기 때문에 말 못하며 하는 취미', '하면 뭔가 색달라 보이기에 도전하는 취미' 등 참 여러 가지다.

그 가운데 '여자들이 뽑은 남성의 최악의 취미'가 있단다. 뭘까? 술, 노래방, 애니메이션, 게임, 도박, 자동차, 야동 감상이다. 다행이다. 난 노래방도, 도박도, 자동차도 별로다. 그런데 애니메이션과 야동 감상은 그렇다 치고 왜 '술'이 최악의 취미일까? 술이 가끔 사람 관계를 부드럽게 해주는 게 있을 텐데 말이다. 과음만 하지 않으면 술은 최악의 취미는 아닐 것이다. 뭐 여자들도 나보다 술을 더 먹는 사람도 있잖은가 말이다.

'돈 안 드는 취미'와 '색달라 보이는 취미' 가운데는 내가 좋아하는 등산과 기타 연주가 있다. 그것 말고도 나는 바둑, 장기 두는 취미도 있다. 사실 기타 치는 것과 바둑 두는 건 중년에 갑자기 배울 수 있는 게 아니다. 어릴 때 해보지 않으면 금방 배우지도 못하고 잘 늘지도 않는다. 나는 다행히 그런 것들은 어릴 때부터 배워왔다. 또 돈과 시간이 없어서 자주 못 가지만 여행하기도 있다. 책은 늘 붙들고 살 정도이니 취미를 넘었다고 할 수 있겠다.

쉰일곱 살 중년. 나이를 먹으면 나잇값을 해야지. 내가 더 나이 들어서 치매에 걸릴지 모르겠지만 그 전까지는 나를 돌아보면서 살아야지. 오늘 아침에 지하철에서 본, 옆자리까지 차지하고 뻔뻔하게 앉아 있는 노인들처럼은 안 돼야지. 그 노인들을 보면서 지금 내 모습을 되돌아본다. 나는 그런 적이 없을까? 아직은 없다고 생각하는데 글쎄, 다른 사람들은 나한테서 그런 모습을 본 적이 없을까?

참새가 방앗간에 들르듯 불광문고에 들렀다. 노인들에 관한 책이 진열돼 있는 게 눈에 띄었다. 『老 life』, 『죽음이란 무엇인가』, 『황혼길 서러워라』, 『무연사회』, 『폭주 노인』, 『가슴이 뛰는 한 나이는 없다』, 『노년 예찬』, 『내 나이가 어때서?』, 『노년의 기술』. 왜 이런 책이 눈에 띄지? 원래 있었나? 아니면, 가을이라 그런가?

호방한 수호지와 웅장한 삼국지를
뛰어넘는 재미

오늘날 중국을 만든
『소설 대장정』

2009년 중국인민공화국이 탄생한 지 60주년이었다. 14억 인구를 거느리고 있는 나라. 지난 60년 동안 중화인민공화국의 국가총생산은 약 100배로 뛰었고, 외환보유액이 2조 달러가 넘었고, 교역 총액과 경공업 생산액에서 세계 1위가 된 거대한 대국 중화인민공화국.

그 중국을 이야기할 때 '대장정'을 빼놓을 수 없다. 국민당 장제스 정권의 군대에게 쫓겨 중국인민해방군 홍군이 368일 동안 12,500킬로미터를 쫓기는 대장정. 우리나라로 말하자면 이승만 정권의 토벌 정책에 덕유산으로 지리산으로 쫓겨 들어가던 빨치산 이야기다. 장제스는 만주를 침략한 일본군에 저항하기보다 공산당을 죽이는 데 혈안이 된 인물. 이승만은 한국을 점령한 미국에 저항하기는커녕 친일파를 앞세워 홍군 같은 조선공산당을 '멸공'하려던 인물. 이런 역사를 우리가 어릴 때는 거꾸로 배웠다.

보리출판사에서 그 대장정을 그린 『소설 대장정』(웨이웨이, 선야

오이 그림, 송춘남 옮김, 보리, 2011)을 펴냈다. 첫 장면은 1934년 12월 1일, 장제스 군대가 샹 강을 건너는 홍군을 전멸시키려고 총을 쏘아대고 비행기로 폭격하는 장면이다. 총에 맞거나 물에 빠져 죽지 않은 홍군들은 건너갔지만 앞날은 더욱 참혹했다. 홍군의 남은 전사들은 만년설로 덮여 있는 다섯 개의 산맥을 포함해 열 여덟 개의 산맥을 넘고, 열두 개의 성과, 예순두 개의 마을을 지 난다. 허를 찌르는 전술로 지방 군벌군과 중앙 정부군의 병력을 물리치거나, 피하거나, 따돌리면서 지구상에서 가장 험난한 지대를 건너는 이 대장정은 세계 역사상 가장 규모가 큰 대이동이었다. 모든 장면이 아슬아슬하고 기막혔지만, 국민당군이 널빤지를 걷어 가 쇠줄 몇 가닥으로만 협곡 사이를 이어주는 루딩교를 기어서 건너는 마지막 장면은 클라이맥스였다.

1935년 10월 19일 홍군은 마침내 우치 진에 닿는다. 장시를 떠날 때 8만 명이었던 전사가 굶어 죽고, 얼어 죽고, 총 맞아 죽어 8천 명밖에 남지 않는다. 그런데 이 참혹한 대장정이 마오쩌둥과 공산주의자들에게 중국을 안겨주었다. 책을 보면 어떻게 그게 가능했는지 알 수 있다.

저자 웨이웨이는 이 소설을 쓰기 위해 많은 자료들을 꼼꼼히 모으고 혁명 선배들을 찾아다니고 장정 길을 두 번이나 직접 걸었다고 한다. 책을 읽으면서 마오쩌둥과 저우언라이 같은 77명의 실존 인물들이 어떤 사람들인지 생생히 알 수 있었다. 선야오이가 판화 기법으로 그린 900컷의 그림은 그 전사들과 같이 있는 듯한 기분이 든다.

이 책은 다섯 권짜리다. 저녁 7시 무렵, 첫 권을 읽고 잠을 자다가 뒤가 궁금해 새벽에 깨서 아침 일곱 시까지 다섯 권을 다 읽었다. 이『소설 대장정』은 호방한 수호지와 웅장한 삼국지를 뛰어넘는 재미가 있었다. 또한 이 대장정으로 중국을 세운 혁명 지도자들의 역사에서, 새된 목소리로 요즘 한국에서 깝치고 있는 지도자(?)가 얼마나 천박한지 새삼 깨달았다. 진보와 해방을 위해, 다음 세대를 위해 변혁을 꿈꾸는 사람이라면 꼭 한번은 읽어야 할 책이다.

교과서 발행제 완전정복

『역사교과서 국정화, 왜 문제인가』,

『역사 전쟁』

대학입학 수능에는 절대 나오지 않겠지만 재미있는 문제 하나를 풀어보자.

문제 : 교과서 발행제는 국정화발행제, 검인정발행제, 자유발행제 세 가지가 있다. 이 가운데 다음과 같이 주장하는 사람들이 있다. 누가 주장한 것일까? (복수 답 인정)

"무엇보다 한국사 교과서는 최소한 사실(fact)이 틀리거나 정치·이념적으로 지나치게 편향된 내용은 없어야 함. 이를 위해 일부에서는 역사 교과서에 한해 국정제 전환을 주장하기도 하나, 이보다는 세계적 추세에도 부합하고, 1995년 이후 신자유주의 교육 개혁의 기조를 유지하고 있는 우리나라 교육 정책의 흐름에 맞는 검인정제를 보다 법적·제도적으로 강화하는 것이 바람직한 것으로 판단됨."

보기 : 1. 좌편향된 역사학자 2. 뉴라이트 성향의 인사들 3. 종북 세력을 추종하는 시민단체 4. 새누리당 같은 수구 세력들 5. 더불어민주당

시사 문제에 좀 관심 있는 분들은 틀림없이 '검인정제를 법적, 제도적으로 강화하자'는 문장을 보고 틀림없이 1번, 3번, 5번을 찍을 것이다. 정답은 2번, 4번이다.

요즘 새누리당 계열과 뉴라이트 같은 보수 세력들이 교과서를 국정화하자고 얼마나 주장하는데 이게 말이 되는 소리인가? 믿을 수 없겠지만 사실이다. 그뿐만이 아니다. 이들은 관련 기관 및 정치적 압력 등에서 독자적으로 활동할 수 있는 기구 또는 조직을 확보해야 한다고 주장했다. 다시 말해 정부의 간섭이나 통제에서 벗어날 수 있는 독립적인 기구를 설치해야 한다는 것이었다. 언제 이렇게 주장했다는 건가? 그리고 이렇게 주장했던 새누리당 계열의 화상들은 누구였단 말인가?

교과서 발행제 완전정복을 하려면 『역사교과서 국정화, 왜 문제인가』(김한종, 책과함께, 2015), 『역사 전쟁』(심용환, 생각정원, 2015) 두 권을 보면 된다. 새누리당 계열의 화상들이 언제는 검인정제를 주장하다가 왜 이제 와서 국정화를 주장하는지 알 수 있다.

『역사교과서 국정화, 왜 문제인가』에 따르면 새누리당 여의도연구원은 2013년에 '한국사 교과서를 둘러싼 논쟁과 해법'이라는 제목의 보고서에서 〈한국사〉 교과서 내용을 분석하면서 교과서에 좌편향 경향이 있다고 지적한다. 그런데 그 해법으로 제시하는 것은 국정제가 아니라 검인정의 강화다. 보수 세력들은 2006년에도 마찬가지였다. 여의도연구원의 전신인 여의도연구소에서 발간한 '초중고 교과서의 편향성 분석'이라는 보고서에서도 고등학교 〈한국 근현대사〉는 물론 다른 사회교과서, 중학교 〈역사〉와 〈사회〉, 그리고 초등학교 〈사회〉 교과서까지 광범위하게 좌편향되었다고 분석하고 그 대책을 제안했다. 그 대책 역시 '정부의 간섭이나 통제에서 벗어날 수 있는 독립적인 기구의 설치'라는, 지금 국정화 주장과 정반대의 해결책을 제시했다.

그런데 왜 이제 와선 국정화를 주장하는 걸까. 답은 한 가지. 정권이 바뀐 탓이다. 이들이 검인정제를 주장했던 때는 김대중, 노무현 때였다. 그때는 김대중, 노무현을 지지하는 사람들이 주도해서 교과서를 만들 게 뻔하니까 검인정제를 주장했고, 지금은 박근혜를 지지하는 사람들과 자신들이 주도해서 교과서를 만들 수 있으니까 국정화를 주장하는 것이다. 그렇게 변덕이 죽 끓듯 하는 자들은 누구일까?

그 가운데 대표가 되는 인물이 곽병선 한국장학재단 이사장이다. 곽병선은 2000년에도 '교과서 자유발행 빠를수록 좋다'는 논문까지 내면서 자유발행제를 주장했다. 정권이 바뀌니 정치 논리에 따라 제 입장을 손바닥 뒤집듯이 가볍게 뒤집어 버린다. 문용린 전 교육부 장관, 김재춘 교육부 차관, 홍후조 고려대학교 교수, 허경철 전 한국교육과정평가원 본부장 등도 마찬가지이다.

이들은 도대체 왜 그러는 걸까? 단순히 역사학의 자율성을 무시하고, 친일과 독재를 미화하고 역사교육의 다양성을 말살하려고 하는 걸까? 아니다. 역사전쟁을 쓴 심용환은 그게 본질이 아니라고 단언한다.

"본질은 권력 의지다. 권력이 역사학, 역사 교육, 역사 교과서를 자신들 의도대로 재구성하고 싶은 것이다. 그것이 본질이다."

기득권을 유지하고자 그 자들은 거짓말을 한다. 일제 강점 덕분에 한국이 근대화가 됐다든가, 1948년이 건국절이라든가, 이승만이 경제 개발의 기초를 놓았고 그의 업적은 대단했다는, 너무 뻔한 거짓말을 일삼고, 그것을 교과서에 넣어야 한다고 떼를 쓴다.

그중의 한 사람인 전 교육부 장관 문용린은 2007년에 낸 책 『열 살 전에 사람됨을 가르쳐라』에서 아이가 '뻔한 거짓말을 자꾸 할 때', '공공장소에서 곤란할 정도로 떼를 쓸 때' 어떻게 대하라는 팁을 알려주고 있다. 국정화가 옳다고 뻔한 거짓말을 하고 떼를 쓰는 사람이 '사람됨을 가르치라'는 책을 쓰다니. 쯔쯔쯧.

6장

국가란 누구를 위해 존재하나

조건 없이 기본소득

『나는 국가로부터 배당받을 권리가 있다』

『나는 국가로부터 배당받을 권리가 있다』(하승수, 한티재, 2015).
2015년 3월에 나온 책이다. 부제가 '생태적 전환과 해방을 위한
기본소득'이라고 나와 있다.

책 제목만 보더라도 요즘 기본소득을 주장하는 책들이 많이
나와 뭐 내용은 뻔하겠구나 하실 분도 계시겠다. 혹시 모르는 분
을 위해서 정리하자면 기본소득은 '재산의 많고 적음, 노동을 하
는지 여부에 관계없이 모두에게 조건 없이 일정액의 현금을 지
급'하는 것이다.

그렇게 주장하면 사람들 반응은 대개 이렇다. '아니, 좋은 건
알아. 모든 이들이 똑같이 한 40만 원씩만 주면 얼마나 좋아. 주
부들이나 취업 못한 젊은이들이나 귀농해서 돈 안 되는 농사짓
는 분들이 그거라도 받으면 얼마나 좋아. 그런데 이 따위 정부가
우리가 요구한다고 해서 들어주나? 그리고 일도 안 하는데 돈을
받겠다는 논리가 있을까? 또 정부가 그만 한 재원은 어디서 충
당하지?' 이 책은 아주 쉽게, 그런 궁금증을 단번에 풀어준다.

이 책은 여는 글에서 '엉뚱하게' 삼성그룹 이건희 회장 연봉
이야기부터 나온다. 이건희 연봉은 0원이란다. 그런데 이건희 자

신이 가지고 있는 주식에서 배당받는 돈만 해도 2014년 기준으로 1년에 1,758억 원이다. 저자는 국민도 이건희처럼 '배당' 같은 것을 받을 수 없을까 하는 질문을 던진다. 무슨 자격으로? '국민', '주민', '유권자' 자격이다. 이런 지위로 '배당'을 받는다고?

저자는 대표적인 사례로 토지를 든다. 토지는 '어느 누구의 것'도 아닌 것을 개인이나 기업이 사유화한 것들이 많다. 토지는 사람이 노동을 해서 생긴 것이 아니다. 그런데 사람 왕래가 많고 지하철이 가깝고 기반 시설이 잘돼 있다고 해서 땅값이 비싸다. 그런 땅에서 나오는 수익을 특정한 개인이나 기업이 다 차지하고 있다. 저자는 이렇게 말한다.

"명동의 땅값이 비싼 것은 명동의 땅 주인이 만든 게 아닌 것이다. 비싼 토지는 교통이 편리하고, 각종 사회기반시설이 잘 갖춰져 있으며, 정부의 정책으로 상업적 '중심지'가 되거나 주거단지로 개발된 곳이다. 그것을 토지 소유주가 모두 가져간다는 것은 정당하지 못하다."

그런 곳에서 돈을 많이 버는 사람은 자연히 나눠 가져야 한다. 자기가 한 노동으로 번 돈이 아니기 때문이다. 이런 공유재는 땅뿐이 아니다. '금융시스템, 인터넷, 방송주파수'도 사회 공통의 재산이라고 할 수 있다. 물도 있다. 산에서 나는 물을 받아다가 물통에 넣어 팔아 그 이익을 회사 사장이 다 가져간다는 게 말이 되지 않는다. 이건 대동강 물을 팔아먹은 봉이 김선달과 다름이 없다. 골프장에서 물을 뽑아 쓰면 그 둘레에 있는 농토는 물이 부족하다. 농민은 그 물을 다른 데서 충당해야 한다. 그런데 골프장에서 버는 돈은 농민한테는 한 푼도 주지 않는다. 오히려 땅을 망쳐 농민을 죽인다.

그렇다면 기본소득을 시행하고 있는 나라가 있을까? 스위스는 2013년에 기본소득을 도입하기 위해 국민발의를 했다. 성인 국민 모두에게 한 달 우리 돈으로 297만 원을 지급하자는 것이 주요 내용이었다. 결국 2016년 11월 1인당 월 280만 원 기본소득제 법안을 국민투표에 부치기로 했단다.(아쉽게도 부결되었다.) 핀란드는 어떤가. 성인 1인당 다달이 100만 원가량을 기본소득으로 주는 법안을 제출했고 2016년 11월경 시행을 결정한다고 했다. 결과는 시범사업에 그쳤지만 국가 단위로는 처음이다. 핀란드는 올해부터 실업자 가운데 2000명을 무작위로 뽑아 매월 70만 원가량을 2년 동안 지원한다.

기본소득을 오래전부터 시행한 곳이 없는 것은 아니다. 알래스카다. 미국 변방인 알래스카 주 정부는 유전에서 석유를 발견해 횡재를 했다. 1976년 알래스카 주는 주 헌법을 개정해 알래스카 영구 기금을 설치했다. 그리고 1982년부터 6개월 이상 알래스카에 거주하는 모든 사람에게 나이와 거주 기간에 무관하게 영구 기금으로부터 해마다 공평하게 배당을 실시하기 시작했다. 공동의 자원인 석유에서 나오는 수입의 일부를 주정부가 환수해 기금을 만들고, 주민 모두에게 기금 운용수익을 배당금으로 지급한다. 저자는 이게 당연한 이치라고 말한다. 땅속에 있는 석유는 본래 '누구의 것'도 아니기 때문이다. 운용수익이 적은 해는 주민들에게도 적게 돌아갈 수밖에 없고 수익이 많은 해는 많이 돌아간다.

이 책은 한티재출판사에서 팸플릿 시리즈라는 기획으로 나온

두 번째 책이다.(첫 번째 책은 『착한 전기는 가능하다』이다.) 140쪽밖에 안 되는 아주 얇고 판형이 작은 책이다. 사실 내가 이 책을 든 이유는 코트 주머니에 쏙 들어갈 정도로 얇고 작기 때문이었다. 어려운 내용도 없다. 저자가 "이 책을 읽다 보면, 돈을 받는 게 당연한 내 권리라는 생각을 하게 될 것"이라고 했는데 정말이다. 역시 좋은 책은 쉽게 써야 한다. 가지고 다니면서 몇 번 읽고 기본소득, 또는 시민배당에 관한 논리를 달달 외우고 전파해야겠다. 이 기본소득을 요구하는 시민이 90퍼센트가 되면 아무리 사악한 정부라도 시행하지 않을 도리가 없겠지.

저널리스트,
괴물 트럼프 만드는 데 일조하다

미국 대통령
『도널드 트럼프』

『힐러리 클린턴』과 『도널드 트럼프』 두 권의 책을 사놓고 보지 않았다. 『도널드 트럼프』(강준만, 인물과사상사, 2016)는 미 대선 전인 작년 8월 19일에 나온 책이다. 당선이 확정된 날은 11월 8일이다. 이 책을 보고 미 대선을 주시했더라면 클린턴 승리 가능성 80~90퍼센트 보도는 결코 믿지 않았을 것 같다. 이 책은 '트럼프 개인의 혐오할 만한 행태보다는 그런 행태에도 그가 인기를 누리는 이유'에 초점을 맞추고 있다.

어떤 이들은 트럼프를 '히틀러', '나치', '파시즘'이라는 단어를 구사하면서 트럼프를 히틀러와 동일시한다. 하지만 저자 강준만은 '트럼프로 인해 그 누구보다 잃을 게 더 많은 이들이 그런 반대와 저항'을 한다고 일침을 놓는다.

"트럼프 지지자들은 자신들이 언론과 지식인들에게서 인종차별주의자, 무식하고 무지한 자, 멍청이, 또라이, 인간성이 결여된 사람들 등으로 취급받는 것에 분노하고, 그래서 트럼프의 말이 옳다고 생각해 트럼프에 대한 지지의 강도를 높여간다."

미국인들도 한국인들과 마찬가지로 정치 혐오증이 극에 달했다. 미국 공화당과 민주당의 차이가 별다를 게 없다고 생각한다. 가난한 이들은 미국 민주당이 자신들을 대변하지 않는다고 생각한다. 노동운동가 앤디 스턴은 민주당 정치인들이 "볼보 자동차를 타고 다니며, 비싼 커피를 홀짝이고, 고급 포도주를 마시고, 동북부에 살고, 하버드나 예일대를 나온 리버럴"이라고 비판했다.

민주당의 힐러리는 지난해 4월, 경선에서 승리한 뒤 "소득불평등을 개선하겠다"고 연설했지만 당시 힐러리가 입었던 재킷은 이탈리아 명품으로 1만 2495달러, 한국 돈으로 1400만 원짜리였다. 그러니 가난한 사람들이 힐러리가 소득불평등을 말할 자격이 있다고 생각할까? 물론 트럼프도 평소 7천 달러짜리 이탈리아 명품 정장을 입는다. 하지만 상대적으로 진보적 가치를 내세우는 민주당 힐러리가 공격의 표적이 될 수밖에 없다.

힐러리는 또 국제금융시장을 주도하는 대표적 기업인 골드만삭스에서 강연하고 무려 60만 달러, 한국 돈으로 6억 7천여만 원의 강연료를 받았다. 그러니 힐러리가 월스트리트의 이익에 반하는 정책을 펼 수 없다는 사실은 분명하다. 트럼프는 "가난한 사람들의 표에 의존하는 민주당은 그들을 계속 가난하게 놔두면 계속 표를 얻게 된다. 슬픈 역설이다" 하고 조롱한다.

미국의 정치인들은 한국의 새누리당 정치인들과 마찬가지로 늘 아름답고 고상한 말, 당위적인 미사여구만 남발한다. 말로는 '차별 반대'를 외치지만 실제로는 '엄청난 차별'을 일상화하는 게 정치인이다. 강준만은 그걸 '정치적 올바름'이라고 표현한다. 그런 사실상, 또는 제도화된 사기 행각에 질릴 대로 질린 유권자들 앞에 전혀 다른 트럼프가 나타난 것이다. 그는 그런 감언이설을 하는 정치인들을 비판한다. 때로는 욕설과 조롱도 하고, 당당하고 뻔뻔한 행동도 서슴지 않는다. 트럼프는 사람들이 '정치적 올바름'에 진절머리를 내고 있지만 감히 그걸 입 밖에 내지 못하고 있다며, 자신이 그들의 대변인 노릇을 하겠다고 했다. '있는 그대로의 세상을 말하는 것'. 지지자들은 바로 그 점에 열광했다.

트럼프는 불사신이 됐다. 미국의 모든 언론이 집요하게 공격을 해도 살아남았다.『도널드 트럼프』의 저자 강준만은 트럼프가 온갖 비난에도 끄떡없는 불사신이 된 데엔 미디어 혁명과 더불어 그 혁명에 대처하지 못한 언론의 문제가 있다고 설명한다. 기존 저널리즘의 기본 작동 방식과 매커니즘의 근본적 결함도 도사리고 있다는 것이다. 트럼프는 정치도 사업 하듯이 한다. 그것은 언론을 이용하는 것이다. 트럼프는 언론을 활용하는 데 물불을 가리지 않는다. 자신의 막말을 중계하게 해 홍보 효과를 누린다. 트럼프는 언론의 속성을 꿰뚫어보면서 그걸 이용하고 기성 언론을 조롱하고 무시하고 경멸한다. 트럼프는 이렇게 말한다.

"언론은 항상 좋은 기삿거리에 굶주려 있고, 소재가 좋을수록 대서특필하게 된다는 속성을 나는 경험을 통해 배웠다. 당신이 조금 색다르거나 용기가 뛰어나거나 무언가 대담하고 논쟁거리가 되는 일을 하면 신문은 당신의 기사를 쓰게 된다. 따라서 나는 일을 조금 색다르게 처리했으며, 논쟁이 빚어지는 것을 두려워하지 않았고, 이 때문에 내가 관여한 거래는 다소 허황돼 보이기도 했다. 이런 성격 덕분에 나는 아주 젊어서부터 꽤 사업 수완을 보였다. 신문이 나를 주목하게 되어 내 기사를 쓰지 못해 안 달을 하게 됐다."

〈허핑턴포스트〉 창립자 아리아나 허핑턴은 "트럼프는 언론이 만들어낸 셈"이라고 실토한다. 2015년 2월 25일 퓰리처상을 수상한 칼럼니스트 코니 슐츠도 "우리, 저널리스트들이 괴물 트럼프를 만드는 데 일조했다"고 반성했다. 그는 "우리는 그의 혐오스런 표현을 오락으로 다루었다. 극우에 영합한 공화당이 그를 등장시켰고 우리는 날개를 달아주었다"고 자책했다.

미국인들은 기성 언론을 불신한다. 미국인 3명 가운데 2명 꼴로 언론을 부정적으로 볼 정도로 유권자들의 불만은 높고 신뢰는 낮다. 그런 기성 언론을 불신하는 가운데 '미디어 혁명'이라고 해도 좋을 정도로 미디어 환경이 근본적으로 달라진 것이 '트럼프 현상'을 만들었다. 트럼프는 SNS에 능하다. 온라인에 자신이 구축한 뉴스룸으로 트위터에 700만, 인스타그램에 100만 명이 넘는 팔로워가 있다. 트럼프는 기성 언론에 논쟁거리를 던져 대서특필하게 만들었고, 트위터를 이용해 대통령에 당선될 수 있었다.

이제 트럼프가 사업가이건 나치건 파시스트건 미국의 대통령이라는 사실은 변함이 없다. '트럼프 현상'을 반면교사로 삼는 일도 중요하지만 당장 우리에게 미칠 영향을 생각해야 한다. 그 가운데 주한미군 문제가 불거져 있다. 도널드 트럼프는 '한국의 안보는 한국이 지켜라' 하면서 '주한미군의 주둔 비용인 방위분담금을 한국이 더 분담해야 한다'고 주장했다. 아니면 철수하겠다는 건데 이 나라 부패한 지배층은 벌써부터 겁을 먹는다. 지난해 장명진 방위사업청장은 "도널드 트럼프 미국 차기 행정부가 한국에 방위비 분담 증액을 요구하면 수용할 수밖에 없다"고 백기 투항했다.

미국의 수구 언론 폭스뉴스에도 대차게 맞서는 트럼프처럼 한국의 조선일보에 맞서는 정치인은 없을까? 주한미군을 철수하겠다는 트럼프에 "철수하라"고 맞설 만한 그런 대통령감이 한국엔 없을까?

한국의 자유주의, 말의 잔치

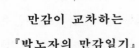

만감이 교차하는
『박노자의 만감일기』

이명박이 대통령에 취임하는 날이다. 언론에서는 십 년 만에 보수, 우익 정권이 탄생했다고 한다. 이명박은, 국민 성공 시대, 국민 화합의 시대를 만들고 국민을 섬기며 선진 일류 국가를 만들겠다고 한다. 말은 좋다.

"한국의 자유주의, '말의 잔치'"라고 쓴 박노자 글이 생각난다. "이제까지 집권했던 '중도 우파'가 말한 '민주주의와 자유주의'는 어디까지나 본인들이 지배 체제의 안락한 '지도적 위치'에 들어앉을 권리를 이야기하는 것이지, 이 지배 체제의 기본적인 폭력성을 제거하겠다는 이야기는 절대 아니"라고 했던 말. 『박노자의 만감일기』(박노자, 인물과사상사, 2008)에 나온 얘기다. 중도 우파가 그러니, 보수 중 꼴통 보수, 우익에서도 극우로 분류할 수 있는 이명박이 하는 말은 '말의 잔치'라고 할 수도 없겠다. 이명박이 국민을 섬길 것 같지는 않다는 말이다.

'자신과의 대화'이면서 '남과의 대화'인 일기는 자기만의 글도 아니고 신문기사 같은 공적인 글 사이에 자리 잡고 있기 때문에 당대의 인물에 대해 적나라하게 평가를 내릴 수도 없고, 그렇다고 일본 근대의 '국민 시인' 이시가와 다쿠보쿠처럼 성관계의 순간에 느꼈던 감상을 솔직하게 쓸 수 있는 것도 아니라고 박노자는 말한다.

하지만 '개인'의 비공식적 소통 공간이면서 주제를 고민할 필요도 없고 신문 칼럼처럼 '시의성' 따위를 깊이 고민할 것도 없는 블로그 일기는 여러 가지 자유로운 효과가 있다고 한다. 이를테면 '공식적' 공간인 신문에는, 민주노동당에서 일어나고 있는 '좌파 민족주의(이른바 주사파 또는 NL)'에 대한 비판적인 이야기조차 '과연 지금 적절한가'라는 의심 때문에 쓰지 못하지만 블로그에는 그런대로 자유롭게 쓸 수 있다는 것이다.

『박노자의 만감일기』는 그렇게 자유롭게 인터넷 블로그에 쓴 일기다. 출판사는 "사소한 일상의 경험에서 끌어낸 그의 깊은 생각을 담은 최초의 사적 기록"이라고 했지만 결코 가볍지 않은 내용으로 채워져 있다. 글은 논문이 아니기 때문에 쉽다. 가끔, '잡다한 생각'이라는 뜻으로 쓴 '잡감'이니 '울창한 숲'이 아닌 '존경받는 유림'이라는 뜻으로 쓴 '산림'이니 하는 어렵거나 잘 안 쓰는 말을 써서 거부감이 들기도 하지만 글 내용은 정말 재미있고 유익하다. 제목만 봐도 솔깃할 내용이다. '보수가 표를 얻는 비결?', '자본주의는 인간의 본성인가?', '바람직한 우익, 한국에서 가능할까?', '우리가 도대체 그때 노무현에게 왜 기대를 걸었을까?' 이런 제목들이다. 읽고 싶다는 생각이 들지 않는가?

러시아 태생 박노자는 2001년 한국으로 귀화했다. 박노자는 그 말을 좋아하지 않지만 한국인보다 더욱 한국인다운 사람이라는 평을 듣는다. 현재는 노르웨이 오슬로 대학에서 한국학 부

교수로 재직하고 있고 한국인 아내와 결혼해 아들 '율희'와 함께 오슬로에 살고 있다. 한국인 태생도 아니요 게다가 지금도 한국과 멀리서 살고 있지만 한국에서 사는 어떤 학자들보다 더욱 한국을 깊이 있게 꿰뚫고 명쾌하게 진단하고 있다.

이명박 취임식을 보면서 『박노자의 만감일기』를 다시 봤다. 나도 어려운 말 한번 써보자. 정말 '만감이 교차한다.'

유신의 괴물을 쏜 김재규 재조명

『바람 없는 천지에 꽃이 피겠나』

김재규에 대한 역사적 평가를 제대로 해야 한다는 책이 또 나왔다. 한 권은 2012년 10월에 나온 『의사 김재규』이고, 한 권은 2013년 10월에 나온 『바람 없는 천지에 꽃이 피겠나』(문영심, 시사인북, 2013)이다. 지금 소개하는 이 책 『바람 없는 천지에 꽃이 피겠나』는 1979년 10월 17일부터 1980년 5월 24일까지 김재규가 박정희를 쏴 죽인 뒤 긴박하게 돌아가던 한국 사회를 소설과 다큐멘터리 형식으로 그린 책이다.

박정희는 1961년 쿠데타로 정권을 잡고 18년 동안 1인 독재로 한국 사회를 지배했던 인물이다. 1972년 10월 17일에는 권력을 유지하기 위해 전국에 비상계엄령을 선포하고 '통일주체국민회의'라는 단체를 구성해 유신 헌법을 제정했다. 대통령이 제 마음에 드는 사람들을 심어놓은 이 통일주체국민회의에서 대통령을 선출했다. 유신체제는 입법, 행정, 사법의 삼권이 모두 박정희에게 집중됐다.

1979년 10월 26일, 중앙정보부장 김재규는 박정희를 쏴 죽이면서 그 유신체제를 끝장냈다. 그 뒤, 김재규는 1980년 5월 24일 사형당했다. 당시 계엄사 합동수사본부장 전두환을 위시한 신군

부 세력은 김재규에게 내란목적살인죄와 내란수괴미수죄를 적
용했다. 김재규는 정말로 내란목적살인죄와 내란수괴미수죄를
저질렀을까?

시민들이 흔히 알고 있는 것처럼 김재규는 독재 정권에서 특
권을 누리다가 경호실장 차지철과 충성 경쟁을 벌이면서 우발적
으로 또는 영웅심에서 대통령을 쏴 죽인 인물이었을까. 실제로
내란죄를 저지른 박정희와 전두환이 혹시 그런 이미지를 만들어
놓지 않았을까.

독재 정권에 저항했던 시민들은 훗날, 그 당시 시민들의 항쟁
이 점점 거세지고 있었기 때문에 김재규가 아니었더라도 박정희
는 금방 무너질 정권이라고 했다. 또 김재규가 아니었다면 광주
시민들이 그렇게 억울하게 희생되지 않았을지도 모른다고 가정
을 했다.

하지만 그런 가정이 과연 옳을까. 역사를 그렇게 가정해서 만
일 박정희가 죽지 않았다고 한다면, 부산 마산 시민들이 광주보
다 더 많이 희생당하지 않았을까. 어쩌면 김일성만큼이나 종신제
로 한국 사회를 통치하지 않았을까. 책 『바람 없는 천지에 꽃이
피겠나』는 김재규를 재조명함으로써 그 질문에 답을 내놓는다.

김재규는 재판 과정에서 민주주의의 회복을 위해서 박정희를
죽일 수밖에 없었다고 일관되게 진술한다. 김재규는 만일 그때
박정희를 죽이지 않았다면 부산과 마산 시민들에게 총부리를 들
이댔을 거라고 확신한다. 그 당시 박정희가 한 말을 보면 그렇게
믿을 수밖에 없었겠다는 생각이 든다.

"만약 4·19 때처럼 서울에서 데모가 크게 나면 내가 직접 발

포 명령을 내리겠어. 그때는 최인규나 곽영주가 발포 명령을 내렸으니까 총살됐지. 대통령인 내가 발포 명령을 내리는데 누가 나를 총살시키겠어. 안 그래?"

소름이 오싹 끼치는 이 말에 대통령 경호실장 차지철은 한술 더 뜬다.

"캄보디아에서는 300만 명을 쏴 죽이고도 까딱없었습니다. 우리나라에서 폭동이 일어나면 한 100만 명이나 200만 명 처치하는 게 무슨 문제겠습니까? 각하께 불충하고 빨갱이들하고 똑같은 소리나 하는 놈들은 이 차지철이가 탱크로 다 밀어버리겠습니다."

어떻게 이런 자들을 그냥 놔둘 수 있겠는가. 죽일 수 있는 위치에 있다고 해도 용기가 없을 뿐이지 누구라도 죽이고 싶다는 마음이 들었을 건 뻔하다.

이 책을 읽기 전에는 김재규를 자세히 알지 못했다. 그 당시 독재와 인권 탄압에 맞섰던 천주교 신자 가운데 함세웅 신부가 있었다. 저녁 미사가 끝나고 나서 청년 신도들이 준비한 다과회 겸 만찬회가 있던 날, 그 자리에서 재판이 한창 진행되고 있는 10·26 사건과 김재규에 대한 이야기가 나왔다. 그 당시 가톨릭대학에 다니는 한 학생이 열을 올리면서 말했던 이야기는 내 생각과 비슷했다.

"중앙정보부장이 유신을 무너뜨리기 위해서 대통령을 쏘았다는 걸 쉽게 믿을 수가 있겠습니까? 중앙정보부장이면 완전히 박통하고 똑같은 인간일 텐데요. 저는 아니라고 봅니다. 그 사람이 학생들이나 민주 인사들을 얼마나 많이 잡아넣었다고요."

함세웅 신부는 뭐라고 대답했을까. 책에서 확인해보시면 좋겠다. 아, 그렇지 하고 무릎을 칠 것이다.

박정희가 죽은 뒤 전두환은 12 · 12쿠데타를 일으켜 정권을 잡았다. 유신의 수혜자였던 전두환은 권력을 장악하기 위해서 가장 먼저 김재규를 사형시키는 데 집착한다. 5월 24일 김재규는 사형당했다. 계엄군이 광주에서 시민들에게 발포하기 시작할 무렵이었다. 그 당시 김재규를 변호했던 함세웅 신부는 오히려 "우리가 만일 김재규 장군을 살렸다면 광주의 비극은 결코 일어나지 않았을 것"이라고 했다.

전두환은 훗날 1995년 1심에서 내란죄 및 반란죄 수괴 혐의로 사형, 항소심에서 무기징역을 선고받았다. 김재규는 내란목적살인죄로 사형을 당했고 그들은 풀려났다. 우리나라 역사가 얼마나 허술한지 한숨을 내쉬게 된다. 진정한(?) 죄인들을 단죄하지 못했던 그런 역사가 이어져왔기 때문에 이명박이나 박근혜 같은 이들이 이 나라 대통령까지 해먹을 수 있는 게 아닐까 한다.

우리가 왜 김재규를 다시 읽어야 할까. 함세웅 신부는 "유신의 괴물이 되살아나는 이 어두운 현실에서, 시대를 고민하는 많은 분들에게 이 책이 깊은 사색과 용기의 길잡이가 되기를 바란다"고 했다.

박근혜와 그 하수인들은 그런 역사를 까마득히 잊고 있다. 총칼로 정권을 잡은 박정희를 좇아 광범위한 댓글 여론 조작과 부정투표 논란으로 당선된 박근혜가 노동자들을 억누르면서 파업을 진압하는 과정을 보면 박정희의 전철을 고스란히 밟고 있다.

2013년 현재, 내란죄 음모로 구속된 이석기, '대통령 사퇴하라'고 주장하는 장하나, '박정희의 전철을 밟을 수 있다'고 경고한 양승조 의원을 제명하려는 정권은 박정희가 김영삼을 제명할 때보다 더욱 악랄하다. 게다가 민영화를 저지하려는 정당한 철도 파업을 불법 파업으로 매도하면서 노동자의 심장부 민주노총을 무지막지하게 침탈했다. 그 과정은 YH여공 농성장을 침탈할 때와 닮았다. 그 사건은 부마항쟁을 불러일으켰고, 대통령이 총에 맞아 죽는 서곡이 됐다.

정권의 하수인들은 스스로 생각해봐도 찔리는 구석이 있는지 그런 비슷한 말에 유난을 떤다. 2013년 12월 10일 민주당 양승조 최고위원이 "신공안통치와 신유신통치로 박정희 대통령의 전철을 밟을 수 있다는 국민적 경고를 새겨들어야 할 것"이라고 말했더니 당시 이정현 청와대 홍보수석비서관이 그런 발언을 하는 것은 "언어 살인과 같다"며 발끈했다. 그 발언을 두고 진중권 동양대 교수는 트위터(@unheim)에서 쏴붙였다.

"그럼 박정희 정권의 전철을 밟으시라."

박근혜여, 전철을 밟으라. 또 다른 김재규는 개인이 아니라 우리 민중들일 터이니.

귀에 걸면 귀걸이, 코에 걸면 코걸이

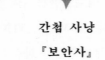

간첩 사냥
『보안사』

『보안사』(김병진, 이매진, 2013)라는 책이 나왔다. 이 책을 처음 펼친 순간부터 책에서 손을 놓지 못했다. 보안사 대공수사처는 해마다 100여 명을 불법 연행해서 고문한 뒤 간첩으로 '요리'했다. 특히 재일 한국인은 만만한 사냥감이었다.

어떤 재일 한국인의 주변 인물 중에 조총련 말단 조직의 간부가 있고, 그 인물이 사업 고객이라고 하자. 고객이니까 비위를 건드리지 않고 분위기를 좋게 만들려고 "공화국(북한)은 세금이 없어 좋은 나라예요"라는 '북괴 찬양'(반국가 단체에 동조)에 해당하는 말에 "그것 참 좋으시겠군요"라고 맞장구치는 행동은 본의가 무엇이든 아주 자연스럽다. 그런데 이것을 '고무, 찬양, 회합'이라고 한다. "이번에 한국에 있는 친척한테 갔다 오는데 결제를 며칠 늦춰주시면 고맙겠습니다"라는 말을 했더니, "그거 다행이네요. 남조선에 다녀오시는 겁니까? 나는 조총련에서 활동하는 바람에 남조선에 있는 고향에 가고 싶어도 갈 수 없습니다. 그곳에 가시면 제 고향이 지금 어떻게 돼 가는지 보고 이야기해 주십시오"라는 말을 듣고 그렇게 하겠다고 하면 '지령 사항', 그 사람이 한국에 방문하면 '잠입', 돌아다니며 조총련 말단 간부의 고향이 어떻게 됐는지 알아보면 '탐문 수집', 방한 일정을 잘 소화하고 일본행 비행기에 타면 '탈출', 나중에 거래상의 결제 때문에 그 조총련 말단 간부에게 전화를 걸면 '통신 연락', 결산을 마치면서 "당신 고향도 도로가 깨끗하게 포장돼 좋아졌습니다"라고 알려 주면 '보고'가 되고 만다.(80쪽)

이게 국가보안법이다. 여기에 안 걸릴 사람이 있을까?

저자 김병진 씨는 재일 한국인 3세였다. 일본에서 태어나 일본에서 대학을 나왔지만 한국으로 넘어와 연세대학교 대학원에 다니며 삼성종합연수원 일본어 강사로 일하던 중 1983년 7월 9일 보안사령부에 연행돼 고문당하고 북한 공작원으로 날조됐다. 보안사에 강제로 특별 채용됐고, 약 2년 동안 재일 한국인을 간첩으로 조작하는 일에 투입돼 통역과 번역을 맡았다. 그렇게 일할 수밖에 없었던 심정은 어땠을까.

김병진 씨는 보안사령부를 퇴직한 바로 다음 날, 1986년 2월 1일 일본으로 탈출해 자신이 겪은 일을 목숨을 걸고 썼다. 수사관 실명을 그대로 적은 『보안사』는 법정 증거로 채택돼 간첩 누명을 쓴 무고한 재일 한국인들의 결백을 증명하는 데 기여했고, 전 서울시 양천구청장 추재엽의 고문 전력을 고발하는 성과를 올리기도 했다.

보안사(현 기무사)나 국정원에서는 여전히 간첩을 만들어 내는 일들이 지금도 버젓이 일어나고 있다. 조사 과정에서 폭력이나 아내나 부모를 협박하는 잔혹한 방법을 쓰기도 한다. 무고한 사람을 간첩으로 조작한 이유는 무엇이었을까. 또한 지금 이 정부는 왜 국가보안법을 그렇게 신주단지 모시듯 하고 있을까. 어처구니없는 까닭이 있다. 책을 보면 그 까닭을 알 수 있다.

"자연의 일부인 땅을 사랑할 뿐 투기와는 관계없다?"

혼자 1083채 소유
『부동산 계급사회』

나는 집이 한 채 있다. 시내버스 운전을 해서 번 돈으로 집을 마련한 건 운이 좋아서였다. 1993년 서울 시내버스 삼화교통에서 해고당하고 갈 곳이 없어 무작정 일산에 나온 임대아파트를 신청했다. 주엽역 근처에 있는 17평 아파트였다. 맨 처음 들어간 돈은 1895만 원 정도. 전세방을 빼서 겨우 들어갔다. 그 집은 10년 임대였다. 그 10년 임대가 법에 어긋난다고 5년으로 줄었고 나중에 분양을 받아 내 집이 됐다.

『부동산 계급사회』(손낙구, 후마니타스, 2008)에서 구분한 대로 하면 나는 제2계급에 속한다. 손낙구는 부동산을 기준으로 6계급으로 나눴다. 1계급은 부동산을 두 채 이상 갖고 있는 자들을 말한다. 2계급은 집 한 채, 3, 4, 5계급은 전·월세, 6계급은? 판잣집·비닐집·움막·지하방·옥탑방·동굴 등에 사는 주거 극빈층(4.3퍼센트)이다.

우리나라에 이렇게 집이 없는 사람들은 68만 가구 162만 명이다. 집이 모자란 걸까? 우리나라 전체 가구별로 빠짐없이 내 집을 갖고 산다 해도 집이 남아돈단다. 2007년에 이미 103만 2800 채가 남아돌고 있다. 도대체 왜 이렇게 집이 남아도는데 집 없는 사람들이 국민 절반이나 될까. 한마디로 돈 많은 자들이 집을 여러 채 갖고 있기 때문이다.

『부동산 계급사회』를 보면 가장 많이 갖고 있는 자는 혼자서 1083채를 갖고 있다. 2위는 819채, 3위는 577채, 4위는 512채…. 혈압이 오르니 숫자를 셀 필요는 없다. 집 부자 100명이 갖고 있는 집은 모두 1만 5464채다. 100명 중에서 가장 적게 가진 자가 57채란다. 이러니 돈 없는 이들이 셋방살이를 떠돌 수밖에.

'자연의 일부인 땅을 사랑할 뿐 투기와는 관계없다'고, 마루 밑에 있는 강아지가 웃을 금세기 명언(?)을 남긴 환경부 장관 같은 이도 있지만 이들은 아무리 변명해도 투기용으로 집을 갖고 있는 것이다. 그러면 집 없는 이들한테 집을 갖게 하는 건 이미 답이 나와 있다. 투기를 못하게 하면 된다. 하지만 이명박 정부는 이상한 쪽으로 해결책을 찾고 있다. 그린벨트를 해제해서 집을 더 짓는단다. 아니 집이 남아도는데 집을 더 짓는다고 해결되나? 투기하는 사람들만 입이 째지게 생겼다.

투기를 막는 길은 간단하다. 집을 여러 채 갖고 있는 사람한테 세금 폭탄을 매기면 된다. 그러면 지들이 그 많은 집을 갖고 있을 수 있겠나. 그런데 이명박 정부는 청개구리 정책을 쓴다. 부자들 세금을 낮춰주면 소비가 늘어날 것이고, 소비가 늘어나면 경기가 살아날 것이라 하면서 부자들이 껌 값 정도로 내는 종부세를 폐지, 또는 완화한단다. 종부세란 종합부동산세의 준말인데 공시가격 6억 원 이상 되는 집을 갖고 있는 사람한테 물리는 세금이다. 6억 원은 세대별, 곧 한 세대에 사는 식구들이 갖고 있는 집을 합한 가격이다. 그렇게 하는 건 당연하다. 한 사람이 집을 몇 채 갖고 있는 걸 속이려고 스무 살도 안 된 미성년자한테 명의를 올리는 사람들이 많기 때문이다. 우리나라에 스무 살도 안 된 미성년자가 갖고 있는 건물이 3만 5316채나 된다. 열 살 이하 어린이들이 소유한 건물도 5435채나 된다. 심지어 돌이 채 지나지 않은 아기도 엄청난 부동산을 갖고 있다는 통계가 있다.

그런데 공시 가격 9억 원이 되는 집을 갖고 있는 사람들만 종부세를 낸다면 현재 세금을 내고 있는 집 부자들 절반이 세금을 안 내도 된다. 또 세금도 훨씬 줄어든다. 공시가격 10억 원 넘는 사람들은 현행 6억 원을 넘는 4억 원에 대해서 260만 원을 내야 하지만 법이 바뀌면 9억 원 넘는 집을 가진 사람들은 1억 원에 대한 세금 55만 원만 내면 된다. 말이 종부세 완화지, 폐지나 마찬가지다. 그렇게 되면 집 부자들 땅 투기는 더욱 심해질 것이 뻔할 뻔자다. 그린벨트를 풀어서 집을 아무리 지어봐야 소용없다는 얘기다.

노동운동가였던 손낙구 씨는 민주노총 대변인을 거쳐 심상정 국회의원 보좌관을 지내면서 이 책을 썼다. 『부동산 계급사회』는 통계로 이 모든 걸 보여준다. 이 책에는 부동산 문제를 해결하는 해답도 나와 있다. 하지만 현 정권은 절대로 그렇게 하지 않는다. 왜? 모두들 집 부자니까. 그럼 이명박은? '빌딩을 사랑하는' 공직자 가운데 1위란다. 전체 부동산 382억? 감이 잡히질 않는다.

사드와 김정남 피살은 무슨 관계?

사드와 내 상상력
『사드의 모든 것』

김정은 북한 노동당 위원장의 이복형 김정남(이라고 추정되는)이 피살된 뒤 자유한국당(새누리당)을 위시한 보수 세력들은 사드 배치 필요성이 더 커졌다고 호들갑을 떤다. 도대체 사드와 김정남 피살이 무슨 관계가 있다는 건지 이해할 수 없다.

때마침 사드가 뭔지 분명하게 알 수 있는 책이 나왔다. 정욱식이 쓴 『사드의 모든 것』(정욱식, 유리창, 2017)이다.

"'헬조선'의 문턱에 들어선 대한민국, 전 국민이 알아야 할 사드의 진실을 밝힌다."

이 책을 보면서 1960년대 초반 소련이 쿠바에 미사일 기지를 만들려고 했던 사례가 떠올랐다. 1959년 수립된 쿠바 혁명 정부는 여러 서방계 자본, 특히 미국 자본을 추방하고 토지를 국유화하는 등 미국을 열 받게 만들었다. 미국은 쿠바의 피델 카스트로를 제거하려고 피그만 침공 등 갖은 수작을 벌였지만 카스트로와 쿠바 국민들은 똘똘 뭉쳐 미국의 야욕을 막아냈다. 호시탐탐 쿠바를 노리는 미국에 대항하기 위해 피델 카스트로는 소련에 도움을 요청했다. 자신들 영토 내에 중거리 탄도 미사일 기지를 설치해 달라고 한 것이다.

마침 소련은 중남미로 영향력을 뻗칠 거점을 찾고 있었다. 이 게 웬 떡이냐 하면서 제안을 수락했다. 미국을 견제할 수 있는 신의 한 수. 1962년 7월 7일에 합의. 미사일과 여기에 탑재할 핵 탄두를 보내주고, 이어서 미사일 기지를 건설하고 있었다. 소련 의 흐루시초프는 미국의 케네디에게 이 무기들은 방어용이지 공 격용이 아니라고 했다.

나중에 그 미사일 사정거리가 미국 워싱턴 주를 제외한 미 본 토 전역에 핵 타격이 가능한 사실을 알게 된 미국은 경악하고 쿠 바를 봉쇄한다. 제3차대전, 핵전쟁이 일어날 뻔한 일촉즉발의 위 기를 겪다가 기적처럼 타협했다. 소련은 쿠바에서 미사일을 철수 시켰고, 미국은 쿠바를 무력 침공하지 않겠다고 약속하고 터키 에 배치돼 있던 자국의 미사일도 철수시켰다.

이번엔 거꾸로 미국이 한국에 배치하려는 사드가 러시아와 중 국에게 공격용이 아니고 방어용이라고 설명을 하고 있다. 물론 사드는 소련이 쿠바에 배치하려고 했던 미사일처럼 분명히 공격 용은 아니다. 사드는 미사일방어체제(MD)의 일종이다. 말 그대로 비행 중인 적의 탄도미사일을 미사일이나 레이저로 요격하는 개 념이다. 그런데 왜 러시아와 중국이 이렇게 반발할까. 사실 너무 당연한 반발이다. 서로 똑같은 공격용 무기를 갖고 있는데, 한편 에서는 상대방이 쏘는 무기를 방어할 수 있는 무기가 있다고 하 면 누가 더 강할까. 게다가 미국은 중국보다 핵 공격 능력이 월 등하다. 미국보다 핵 공격 능력이 떨어지는 중국은 상대방이 먼 저 핵무기로 공격하지 않는 한, 선제 핵 공격을 가하지 않겠다는 정책을 공식 채택해놓고 있다. 상대방이 핵 공격을 해 오면 자신의 핵전력의 일부가 파괴되어도 여분을 가지고 보복할 수 있다면 상대방의 선제공격을 억제할 수 있다는 논리다. 그런데 미국이 "먼저 상대방의 미사일 시설을 선제공격하여 파괴하고 남은 미사일을 MD로 요격하겠다"고 하니 중국이 가만있을 리가 있나. MD의 목표가 되는 국가들에게는 '방어용' 무기가 어떤 '공격용' 무기보다 위협적인 무기로 생각될 건 뻔하다.

중국이 너무 반발을 하니 미국은 사드가 중국을 목표로 배치하는 게 아니라 북한의 위협 때문이라고 빤한 거짓말을 한다. 정욱식은 미국 본토를 공격할 수 있는 나라는 러시아와 중국인데 왜 북한의 위협을 명분으로 추진하는지 묻는다. 러시아와 중국보다 북한이 미국에 더 위협적인 무기를 가지고 있다는 건가? 미국은 9·11테러를 당했을 때도 엉뚱하게 북한이 알카에다에 테러 기술을 확산시키는 데 기여했다고, 북한 때문에 MD를 구축해야 한다고 핑계를 대느라 안간힘을 썼다. 책을 보면 미국이 왜 그런 유치한 논리를 펴는지 한숨이 나올 지경이다.

결론. 사드로 북핵을 막을 수 있나? 정욱식은 사드가 북한 미사일 방어에 '무용지물'이라는 사실을 아주 간단하게 설명한다. 국방부가 보여주는 사드의 요격 범위 평면도를, 정욱식은 측면도로 명쾌하게 반박한다. 국방부 논리가 얼마나 허술한지 알 수 있다.

그렇게 무용지물인 사드에 왜 수구세력들과 최순실 꼭두각시 정부는 그렇게 목을 매고 있을까. 저자는 책의 3부 '백해무익과 설상가상'의 꼭지에서 자세히 설명한다. 마지막 장 4부 '불확실

성과 전화위복'에서는 전망과 대안을 내놓는다.

이건 순전히 내 상상이다. 사드 배치 결정에 최순실 세력의 입김이 작용한 것은 아니었을까? 현실이 워낙 내 상상력을 뛰어넘으니 알 수 없는 일이다. 적어도 김정남 피살과 사드는 아무런 상관이 없다.

왜 투표로 세상을 바꿀 수 없을까

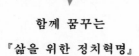

함께 꿈꾸는
『삶을 위한 정치혁명』

2016년 국회의원 선거에서 수구 정당 새누리당이 과반수에 미달했다. 새누리당의 몰락이라는 등 선거혁명이라는 등 세상이 뒤집어질 것처럼 이야기하는데 그런 투표로 세상을 바꿀 수 없단다.

월간 〈작은책〉 5월호에 정태인 칼폴라니사회연구소 소장이 보내준 원고 제목이 "왜 투표로 세상을 바꿀 수 없을까"이다. 정태인 소장은 총선 결과가 나오기 전에 이 글을 썼다. 이 글 첫머리에서 정 소장은 '어쩌면 (여러분이) 참패에서 눈을 돌리려고 술잔을 기울이고 계실지도 모르겠다'고 했다. 물론 여기서 '참패'라고 하는 건 수구 정당 새누리당이 예전과 다름없이 과반수를 차지하는 걸 말한다. 결과는 수구 새누리당의 몰락이었다. 사람들이 정 소장 말대로 선거 결과를 보면서 술잔을 기울이긴 기울였는데 새누리당의 몰락을 축하하는 술잔이었다. 내가 아는 이들은 진보정당이 많이 들어가지 못한 아쉬움을 토로했지만.

이번 선거 결과에 관계없이 '투표로 세상을 바꿀 수 없다'는 정태인 소장의 소신은 변함이 없을 것이다. 정 소장은 그 이유를 몇 가지 들었는데 그 가운데 하나가 우선 노동조합이 주변부 노동자들을 배려하는지 아니면 핵심 노동자의 이익만 대변하는지가 중요하다는 것이다. 예컨대 독일에서는 노조에 속한 핵심 노동자들이 자신들의 이익만 추구한 결과 재분배 정책에 소극적이었고 스웨덴 등은 그 반대라는 것이다. 한국은 어떤가? 기업별로 조직된 노조는 정규직 노동자들의 이익을 주로 대변하고 있는데 그 결과 비정규직이나 하청기업 노동자의 임금과 대기업 정규직 임금은 점점 더 벌어지고 있다. 이런 상황에서는 대기업 노동조합이 재분배 정책에 반대하게 된다는 것이다. 과연 그럴까? 대기업 노동자가 많은 울산에서 정몽준 같은 자가 국회의원이 됐던 걸 보면 맞는 말인 듯도 한데 이번 선거에서 노동자 출신이 세 명이나 당선된 걸 보면 꼭 들어맞지는 않는다.

그런데 투표로 세상을 바꿀 수 없는 더 중요한 이유가 있다. 정 소장은 아이버슨과 소스키스를 인용해서 선거 제도에서도 뚜렷한 원인을 발견했다고 한다. 비례대표제를 채택한 나라에서는 복지 정책을 찬성하는 정당이 승리하지만 단순다수대표제를 사용하는 나라에선 패배했다는 것이다. 기득권 정당을 교체하기가 쉽지 않다는 말이다.

한국이 정치혁명을 이루려면 투표 제도부터 바꿔야 한다는 책이 나왔다. 『삶을 위한 정치혁명』(하승수, 한티재, 2016)이다. 1996년부터 참여연대에서 재벌을 감시하는 활동을 해온 하승수는 한국의 투표 제도로는 세상을 바꿀 수 없다고 단언한다. 저자는 지역구에서 1등을 하면 무조건 당선되는 '지역구 상대다수 소선거구제' 중심의 선거 제도가 가장 큰 문제라고 한다. 이 선거 제도는, 두 개의 지배적인 정당이 쥐락펴락하는 양당제 구조를 낳았다. 하승수는 이 양당제 문제점 중의 하나는, 더 우파 쪽이고 더 기득권에 가까운 쪽이 선거에서 우위를 점하기 쉽다고 한다. 양당제는 유권자들이 자신의 표가 사표가 될까 봐 당선될 만한 사람에게 표를 준다. 새누리당이나 더불어민주당이 집권 정당이 될 수밖에 없는 이유다.

요즘 한국은 지역구 따로 비례대표 따로 뽑는 '병립형비례대표제'를 하고 있지만 이 제도는 사이비 선거제도이다. 비례대표 수가 너무 적어 들러리가 되기 쉽다. 연동형비례대표제는 유권자들이 국회의원 선거를 할 때 자신이 지지하는 정당에 표를 던지는 시스템이다. 이 시스템을 도입하면 자연히 다당제가 된다. 유권자들은 자기가 선호하는 정당에만 투표를 하니 사표를 걱정할 필요도 없다. 당연히 투표율도 올라간다. 연동형비례대표제를 실시하고 있는 덴마크나 스웨덴 같은 국가는 투표율이 80퍼센트가 넘는다.

지금 민주주의 지수 20위 국가들을 보면 민주주의가 제대로 이루어진 나라는 75퍼센트가 연동형비례대표제이다. 스웨덴, 노르웨이, 핀란드 독일 같은 복지국가가 연동형비례대표제 시스템으로 다당제이고 미국, 호주, 몰타, 영국 등이 상대다수 소선거구제로 양당제이다.

연동형비례대표제로 선거 제도가 바뀌면 우리 삶이 어떻게 될까? 하승수는 말한다.

"신자유주의 흐름을 주도하거나 가장 적극적으로 수용했던 나라들은 양당제 국가들이다. 1980년대와 1990년에 신자유주의가 기승을 부렸던 미국, 영국, 오스트레일리아, 캐나다, 뉴질랜드 등이 그렇다. 이들 나라들의 선거제도는 양당제를 낳는 소선거구제였다.(다만, 뉴질랜드는 중간에 독일식 비례대표제로 정치제도를 개혁했다.)"

어떻게 이 제도로 바꿔야 할까. 하승수는 가장 최근에(1996년) 독일식 비례대표제로 정치제도로 개혁한 뉴질랜드 사례를 들려준다. 158쪽, 8500원밖에 안 되는 얇은 이 책에 많은 내용이 담겨 있다. 두 시간만 투자하면 복지국가로 만들 수 있는 길이 보인다. 전혀 불가능한 일이 아니다.

"한 사람이 꿈을 꾸면 몽상이지만 여럿이 함께 꾸면 현실이 된다."

이런 책을 읽고 함께 꿈을 꾸면 복지국가는 현실이 된다는 말이다.

책이 말해 주지 않는 미국의 불편한 진실

『언론이 말해 주지 않는 불편한 진실』

우리나라 언론 자유 등급이 살인마 정권이었던 전두환 때 수준으로 떨어졌다. 지난해 언론감시단체인 〈프리덤하우스〉는 한국의 언론자유 등급을 '자유국'에서 '부분적 자유국'이라고 발표했다. 다른 나라와 비교하자면, 한때 정당 활동을 금지시킨 적이 있고, 여전히 임시 국가방위 위원회가 최고의 권력을 지니고 있는 아프리카 가나하고 같은 수준이다. 프리덤하우스는 그 근거로 "2008년 이명박 대통령 취임 이후 언론사에 대한 낙하산 인사와 검열이 급증했음을 제시했다"고 전했다. 한마디로 이명박 정권은 전두환 때와 같은 수준의 언론 탄압을 하고 있다는 얘기다.

수구 언론을 믿지 못하는 대중들은 나꼼수 같은 팟캐스트나 뉴스타파 같은 인터넷 방송을 듣는다. 그 방송은 기존 언론에 나오지 않는 이명박 도곡동 땅 이야기라든가 BBK사건을 파헤치기도 하고, 지난해 서울시장 선거 때 후보였던 나경원이 억대 비용이 드는 강남 피부클리닉에 드나들던 행태를 밝히기도 한다. 또 지난 서울시장 선거 때 선거관리위원회가 투표소를 바꿔 시민들한테 불편을 끼친 내막을 파헤치기도 했다. 게다가 선관위 홈페이지 마비가 디도스라는 공격 때문이 아니라고 근거를 조목조목

대면서 하는 주장도 들을 수 있었다. 이렇게 주류 언론이 전해주지 않는 소식이 '불편한 진실'이다.

그런 불편한 진실을 알려주는 좋은 책이 나왔다.『언론이 말해 주지 않는 불편한 진실』(박종성, 북스코프, 2012)이라는 책이다. 그런데 이 책에 나오는 사건은 우리나라에서 일어나는 일이 아니다. 지구촌에서 일어나는 일들이다. 그 가운데 몇 가지를 압축했다. 양극화(세계화), 분쟁, 종교, 민족, 환경(자원), 질병이다. 소제목 몇 가지만 보자. '세계화의 열차는 불평등을 향해 달려간다', '세상에서 가장 비열한 무기-소년병', '왜 그들은 해적이 되었는가-소말리아', '800년간의 독립투쟁-아일랜드', '가나안은 누구의 땅인가-이스라엘과 팔레스타인', '육식이 내린 저주-광우병' 등이다.

하나같이 참혹하지 않은 사실이 없고 불편하지 않은 진실이 없다. '세상에서 가장 비열한 무기-소년병'에서는 서부 아프리카의 한 귀퉁이 시에라리온에 살던 소년병 이야기가 나온다. 열세 살 소년이 내전으로 얼룩진 시에라리온의 정글에서 살아왔다. 그에게 사람을 죽이는 일은 물 한 잔 마시는 것보다 쉬웠다.

"그는 수동적으로 남에게 이끌려 살육의 현장에 간 것만도 아니다. 직접 다른 소년병을 이끌고 마을을 습격해 사람을 죽였다. 그는 한 사람도 남기지 않고 다 죽였다고 떠벌리기도 했다. 언젠가는 포로들을 일렬로 세운 뒤 발에 총을 쐈다. 그리고 그들의 괴로워하는 모습을 하루 종일 쳐다보다가 마침내 머리에 방아쇠를 당겼다. 소년은 광기의 현장에서 미쳐 갔다. 그러나 일말의 죄의식도 없었다. 죽인다는 게 별반 특별나거나 두려울 것이 없는 일이었기 때문이었다."

전쟁터가 삶의 현장인 이들의 이야기가 가슴 아프다. 국제엠
네스티가 추산하고 있는 소년병은 2007년 현재 85개국 이상에
서 30만 명이 실제 전투 요원으로 투입되고 있다고 하니 너무나
불편하고 확실한 진실이다.

이 책은 나꼼수처럼 어떤 사실을 분명하게 말하지 않는 것도
있다. 글쓴이 박종성은 경향신문 사회부, 경제부, 산업부 기자를
두루 거쳐 산업부장을 역임했고 현재 경향신문 사장실 실장(부
국장)으로 재직하고 있다. 이 책 머리말에서 글쓴이는 균형 감각
을 갖기 위해서 어느 한편만이 아닌 다양한 주장을 펼쳐놓았다
고 했다. 하지만 아프가니스탄 현실을 말할 때 탈레반의 폭정을
두드러지게 밝히고, 아직도 자작극 의혹이 있는 9·11테러를 평
계로 한 미군의 침공은 "그해 10월 7일 인도양에서 발사된 토마
호크 미사일이 아프간에 비처럼 쏟아졌다"고 두루뭉술하게 표현
했다. 또 '가나안은 누구의 땅인가'에서 이스라엘의 건국 과정에
서 일어난 아랍과의 대립(중동전쟁)에서 이스라엘이 이길 수 있었
던 원인이 미국의 지원이라는 사실은 나오지 않는다. 또 그 미국
은 지금까지도 이스라엘이 팔레스타인 민족을 탄압하는 데 배후
가 되고 있다는 사실도 밝히지 않는다. 왜 그랬을까. 그것이 균형
감각이라고 생각했을까.

판단은 독자 몫이다. 일단 책을 읽어보시기 바란다. 지은이 말
대로 우리가 사는 세상에서 일어나는 사건의 배경을 이해하는
데 큰 도움이 될 것이다.

세계 경제를 주무르는 빌더버그 그룹

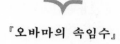

『오바마의 속임수』

"1퍼센트의 부자가 99퍼센트를 지배하는 미국 사회"

"1퍼센트의 탐욕과 부패를 우리 99퍼센트가 더는 참지 않겠다."

지난 9월 17일 뉴욕 월스트리트에서 '월가를 점령하라'는 구호 아래 수백 명이 모여 시위하기 시작했다. 그 달 30일에 뉴욕에서 열린 시위에는 2천여 명이 참석했다. 이번 시위의 원인은 미국의 빈부 격차와 높은 청년 실업률 등에 따른 좌절감과 미국을 경제 위기에 빠뜨리고서도 수백만 달러의 퇴직금을 챙겨 떠나는 월가 최고 경영자들에게 분노를 터뜨린 것으로 보인다.

지난 2010년 2월에 나온 책『오바마의 속임수』(알렉스 존스, 김종돈 옮김, 노마드북스, 2010)라는 책을 아시는지. 지은이는 알렉스 존스. 2001년 7월, 9·11사태 4개월 전에 이미 폭파사건을 예견한 다큐멘터리 제작자이자 탐사전문 기자인 저자는 국제금융세력의 '공공의 적 1호'다. 저자는 말한다.

"국제 금융세력은 무제한적인 자본으로 아직 장악되지 않은 세계 모든 분야의 노다지들을 사냥한다. 지난 100년 동안 영미 금융연합 세력은 세계경제체제를 인위적으로 조작해 전 지구적 경제파산으로 몰아넣었다."

미국 경제뿐 아니라 세계 경제를 쥐고 흔드는 세력이 누굴까? 저자는 금융재벌 가운데에서도 '빌더버그 그룹'이라고 주장한다. 빌더버그는 세계 최고의 금융재벌들과 각계각층에서 가장 영향력이 큰 100~150여 명의 인사들로 구성돼 있다. 해마다 각국을 돌며 2~3일 동안 '비밀회의'를 하는 이 그룹은 철저히 베일에 가려져 있다. 저자에 따르면 이 그룹은 자기들 시나리오에 맞춰 전쟁을 일으키며, 국제 정세의 불안과 갈등을 조성하고 권력을 행사한다. 오바마는 빌더버그 국제금융 조직의 간택으로 대통령이 된 꼭두각시일 뿐이다. 그자들이 추구하는 세계는 전 인류의 노예화에 있다. 세계 최대 군사작전의 주체이자 서방 세계 연합군의 요체인 나토(북대서양 군사조약기구)를 움직이는 정치 세력도 미국이 아니다. '그림자 정부'인 빌더버그가 설립하고 운영한 타비스톡연구소이다. 미국의 진보 지식인 노엄 촘스키는 말했다. "이책이 폭로하듯 현실의 민주주의는 전부 가짜다!"

저자는 이들이 회합을 가질 때마다 회의장 안으로 스파이처럼 몰래 잠입하거나 여의치 않으면 건물 밖에서 메가폰을 들고 항의 시위를 해왔다. 목숨을 걸고 빌더버그의 실체를 파헤친 이 책을 꼭 읽어보시기 바란다. 왜 백악관이 월스트리트 금융자본가들로 채워졌는지, 왜 오바마는 대선공약을 지키지 않는지 눈이 번쩍 뜨일 것이다.

민중이 우리 멱살을 잡지 않도록
교육시켜야?

『왜 80이 20에게 지배당하는가?』

이 책은 월간 〈작은책〉이 창간 12주년, 1987년 노동자 대투쟁 20주년을 맞아 기획한 '작은책 스타'라는 제목으로 진행되었던 강좌 내용을 엮은 것이다. 안건모·박준성·이임하·홍세화·하종강·정태인 등이 강사로 나섰다. 이들이 일관되게 말하는 것은 우리 사회의 80퍼센트에 해당되는 사람들이 노동자 의식을 갖지 못하기 때문에 20퍼센트의 소수에게 지배당한다는 것이다. 아니 더 나아가 반노동자 의식을 갖고 있기 때문에 그들의 지배를 너무 자연스럽게 받아들이며, 상류층이 될 수 있다는 가짜 희망에 매달린다는 것이다.

이 책을 보면 노엄 촘스키가 한 말을 떠올리게 된다. 그는 이렇게 말했다. "지식인의 역할은 민중을 소극적이고 무지한 존재, 결국 프로그램화한 존재로 만드는 데 있다. 19세기 미국의 위대한 수필가이자 철학자였던 랠프 왈도 에머슨도 교육 프로그램을 시작하면서 '민중이 우리 멱살을 잡지 않도록 민중을 교육시켜야 한다'고 했다. 달리 말하면, 민중을 소극적인 사람으로 만들어 우리에게 저항하지 못하게 만들어야 한다는 뜻이다." 이 책의 강조점과 일맥상통한다. 민중을 소극적이고, 무지한 존재로 만들기 위해 기득권은 교육과 언론을 통해 끊임없이 세뇌시키고 있으며, 그들의 의도를 파악하지 못하면 그들에게 지배당할 수밖에 없다는 것이다.

이 책은 강연을 책으로 엮은 것이기 때문에 구어체 문장으로 술술 읽힌다. 입말로 '노동자로서 세상 보기'를 강조한다. 홍세화 〈한겨레〉 기획위원의 말을 들어보자. "우리는 한국 노동자들이 노동자 의식이 없다고 하는데요. 사실은 반만 진실입니다. 오히려 반노동자 의식을 가지고 있습니다. 언론과 교육과정을 통해서 의식적으로 반노동자 정서를 가지고 있습니다." 그리고 덧붙인다. "교육이나 의료의 공공성이라는 개념은 좌파의 요구가 아니라 공화국이 요구하는 것, 우리나라의 정체성이 요구하는 것"이고 "사익을 추구하는 집단이 열성을 부리는 것만큼 공익을 추구하는 사람이 열성을 부려야만 이길 수 있다"는 것이다.

강연자들은 신자유주의에 대해 경계하지 않으면 그나마 한국 사회에 있는 건강보험 같은 안전망마저도 없어질 것이라고 말한다. 한마디로 깨어 있지 않으면, 모르면 당한다는 것이다. "신자유주의 개혁이 거둔 성과는 자국 내의 불평등을 현처히 악화시킨 것밖에 없다"라는 장하준 교수의 말처럼(『다시 발전을 요구한다』 중에서).

2008년 8월 기륭전자를 다녀왔다. 60일 넘게 단식하는 비정규직 여성 노동자들을 보면서 너무나 힘들었다. 집으로 돌아오는 길에 책에서 읽은 역사학자 이임하(한성대 연구교수)의 말을 떠올렸다. "폐업에 반대하면서 기숙사에서 농성하던 YH 여성 노동자들은 8월 9일 신민당사로 농성장을 옮겼습니다. 그러나 8월 12일 새벽 2000여 명의 경찰력에게 180명의 18세에서 23세에 이르는 나이 어린 노동자들은 강제로 끌려 내려졌습니다. 이 과정에서 노동자 김경숙이 목숨을 잃었습니다. 여성 노동자들은 농성장에서 강제로 끌려 나왔지만 이러한 폭력은 곧 박정희 정권을 무너뜨리는 결과가 되었습니다." 김경숙이라는 이름은 기억되지 못하고 점점 잊혀가지만, 그녀는 박정희 정권을 무너뜨렸다. 지금 우리가 외면한 비정규적 여성 노동자들의 투쟁도 성과를 거둘 수 있기를, 제발.

살아 있는 권력과 언론의 전쟁

언론의 힘과 민낯을 동시에 보여주는
『박근혜 무너지다』

2016년 12월에 박근혜에 관한 책이 한꺼번에 세 권이나 나왔다. 『박근혜 무너지다』, 『박근혜의 권력 중독』, 『박근혜의 말』이다. 그중 가장 먼저 12월 1일, 메디치 출판사에서 나온 책 『박근혜 무너지다』(정철운, 메디치미디어, 2016)부터 읽었다. 글쓴이는 정철운이다. 〈미디어오늘〉의 미디어팀장 정철운은 '언론을 감시하는 언론인'이다.

이 책은 2부로 구성돼 있다. 1부 '전장으로 향하는 권력과 언론들'에서는 진보 언론과 보수 언론이 손을 잡아 권력과 싸우는 과정이 나와 있다. '권력의 편에 있다가 적이 된 조선일보사의 변신 과정과 함께 TV조선을 중심으로 언론 3사의 전열 정비 과정'이다. 2부는 '권력의 빗장이 부러진 10월 7일부터 10월 26일까지의 항쟁'이다. 10월 26일은 새누리당이 박근혜 게이트 특검에 합의한 날이다. 저자는 이날이 박근혜가 무너진 날이라고 평가한다.

이번 박근혜의 탄핵은 살아 있는 권력과 언론의 전쟁이었다. 비선실세와 꼭두각시 박근혜의 정체를 밝힌 건 보수 매체와 진

보 언론의 합작품이다. 맨 처음 포문은 TV조선이 연다. '최순실
국정농단 사태'를 알릴 단초가 된 첫 번째 보도는 2016년 7월 26
일 TV조선의 "청(와대) 안종범 수석, 500억 모금 개입 의혹" 리포
트다. "미르재단 설립 두 달 만에 대기업에서 500억 원 가까운 돈
을 모았는데, 안종범 대통령 정책조정수석비서관이 모금 과정에
깊숙이 개입한 정황이 드러났다"는 뉴스였다.

　정권은 조선일보 발행인 송희영 주필의 비리 문제를 꺼내들면
서 반격을 했다. 조선일보는 2017년에 종합편성채널 재허가 심
사를 받아야 하고, 지난 2014년 세계일보처럼 외압을 받을 우려
가 있어 청와대를 계속 공격할 수가 없었다. 조선일보는 송희영
주필의 사표를 수리하고 사과문을 게재했다.

　조선일보가 한 발짝 퇴각했을 때 한겨레가 참전했다. 한겨레
는 '비선실세 최순실'이란 존재를 수면 위로 끌어올렸다. 서서히
최순실의 국정농단이 드러나기 시작했지만 '최순실·박근혜' 언
론 보도는 막이 오르지 않았다. 정권의 나팔수 공영방송은 철저
하게 외면했다. 한겨레 김의겸 기자는 9월 29일 '조선일보 방상
훈 사장님께'라는 칼럼에 조선일보의 취재력을 칭찬하면서 동맹
을 요청했다. 저자 정철운은 회군하던 조선일보가 이때부터 말
머리를 돌려 전장으로 돌아왔다고 진단한다.

　그때쯤이었나? 우병우가 검찰 조사를 받을 때 팔짱을 긴 채
옆으로 앉아 있고 맞은편에서 조사하는 검찰 직원은 다소곳이
앉아 있는 사진이 조선일보에 실렸다. 기가 막혔다. 어떻게 이런
사진을 찍을 수 있는지 감탄했다. 조선일보의 취재력과 집요함
은 알아줄 만하다.(그런 취재력을 올바른 데 썼더라면 박근혜 정권도 탄생

하지 못했을 텐데 하는 아쉬움이 들었다.) 그 사진은 '건방진' 우병우를 밀어내는 데 결정타 역할을 한다. 결국 우병우는 도망자 신세가 됐다.

10월 7일은 개인이 역사를 움직일 수 있다는 걸 보여준 날이 다. SBS PD 김형민이 페이스북에 던진 해시태그 운동이 그 시작 이었다. "앞으로 모든 포스팅 끝에 '#그런데 최순실은?' 붙이기 운동 제안합니다…." 해시태그는 순식간에 퍼졌다. 보수 언론조 차 보도를 하지 않을 수 없을 정도로 퍼져나갔고 지금까지 8백 여만 명의 시민들을 거리로 이끈 매개 역할을 했다.

다급한 박근혜 정권은 송민순 회고록, 또는 개헌 카드로 박근 혜 게이트를 묻어버리려고 기를 썼다. 하지만 손석희가 투입된 JTBC는 영리했다. 그때마다 한 가지씩 꺼냈다. 최순실의 태블릿 PC는 국정농단 증거가 들어 있는 '마르지 않는 샘물'이었다. 시 청률은 폭발했다. 여기에 TV조선, 조선일보도 합세했다.

그런데 여전히 궁금한 것. TV조선이 왜 박근혜 정권에게 등을 돌렸을까. 단순히 박근혜 정권 말기라서? 새로운 보수 정부를 창 출하기 위해서? 하지만 저자는 조중동과 박근혜 정부 간의 불화 는 좀 더 복합적인 배경이 있다고 설명한다. 책을 보면서 연신 고 개를 끄덕거렸지만 탄핵 이후 보수 언론이 어떻게 나올까 하는 궁금증은 여전하다.

저자는 "언론은 진보할까?" 하고 묻는다. 그리고 "부끄러운 언 론사가 있다면 처절한 성찰과 반성이 오늘의 보도에 앞서 선행 돼야 한다"고 지적한다. 그들이 과연 성찰할까? 공영방송 사장단 을 성찰하고 반성하게 만드는 길은 시민에게 달려 있다. 진실을 왜곡하거나 숨기는 방송을 멀리하는 것이다. 이번에 박근혜 게이트가 터져도 철저히 외면하다가 시청률이 떨어지니까 그때서야 방송하는 공영방송을 보시라. 공영방송을 바로잡는 것, 불가능한 일도 아니다.